DO CONTRATO DE TRANSPORTE

Dados Internacionais de Catalogação na Publicação (CIP)
(Câmara Brasileira do Livro, SP, Brasil)

Roque, Sebastião José
  Do contrato de transporte / Sebastião José
Roque. -- 1. ed. -- São Paulo : Ícone, 2009. --
(Coleção para facilitar o direito /
coordenação Gleide Pretti)

    ISBN 978-85-274-1047-2

    1. Contratos (Direito comercial) - Brasil 2.
Transportes - Leis e legislação - Brasil I.
Pretti, Gleide. II. Título. III. Série.

09-05796   CDU-347.763:347.44(81)

Índices para catálogo sistemático:

1. Brasil : Contrato do transporte : Direito
      comercial   347.763:347.44(81)

Prof. Sebastião José Roque

DO CONTRATO DE TRANSPORTE

COLEÇÃO

ELEMENTOS DE DIREITO

1ª Edição - 2009

Ícone editora

© Copyright 2009
Ícone Editora Ltda.

Capa e Digramação
Rodnei de Oliveira Medeiros

Revisão
Rosa Maria Cury Cardoso

Proibida a reprodução total ou parcial
desta obra, de qualquer forma ou meio
eletrônico, mecânico, inclusive através
de processos xerográficos, sem permissão expressa do editor. (Lei nº 9.610/98)

ÍCONE EDITORA LTDA.
Rua Anhanguera, 56 – Barra Funda
CEP: 01135-000 – São Paulo/SP
Fone/Fax.: (11) 3392-7771
www.iconeeditora.com.br
iconevendas@iconeeditora.com.br

ODE AO ACADÊMICO

O PODER DA MENTE

Pobre de ti se pensas ser vencido;
Tua derrota é um caso decidido.
Queres vencer mas como em ti não crês,
Tua descrença esmaga-te de vez.
Se imaginas perder, perdido estás;
Quem não confia em si marcha para trás.
A força que te impele para frente
É a decisão firmada em tua mente.

Muita empresa esboroa-se em fracasso
Inda antes de dar o primeiro passo.
Muito covarde tem capitulado
Antes de haver a luta começado.
Pensa em grande e teus feitos crescerão,
Pensa em pequeno e irás depressa ao chão.
O querer é poder arquipotente;
É a decisão firmada em tua mente.

Fraco é quem fraco se imagina;
Olha ao alto quem ao alto se destina.
A confiança em si mesmo é a trajetória
Que leva aos altos cimos da vitória.
Nem sempre quem mais corre a meta alcança,
Nem mais longe o mais forte o disco lança;
Mas se és certo em ti vai firme, vai em frente
Com a decisão firmada em tua mente.

SEBASTIÃO JOSÉ ROQUE

- Bacharel, mestre e doutor em direito pela Universidade de São Paulo

- Advogado e professor de direito

- Árbitro e mediador

- Autor de 30 obras jurídicas

- Presidente do Instituto Brasileiro de Direito Comercial "Visconde de Cairu"

- Presidente da Associação Brasileira de Arbitragem – ABAR

- Especialização nas Universidades de Bolonha, Roma e Milão e Phantéon-Sorbonne (Paris)

ÍNDICE

1. DO CONTRATO DE TRANSPORTE, 13
    1.1. Conceito e significado, 14
    1.2. Elementos do contrato, 16
    1.3. Contratos análogos, 18
    1.4. Partes do contrato, 19
    1.5. Características do contrato, 22

2. CONTRATO DE TRANSPORTE TORNA-SE CONTRATO DE ADESÃO, 27
    2.1. Características dos contratos, 28
    2.2. Uniformidade de condições, 31
    2.3. A lição de Orlando Gomes, 32
    2.4. A intervenção do Poder Público, 33

3. TIPOS DE TRANSPORTE, 35
    3.1. Quanto ao meio de locomoção, 36
    3.2. Quanto à abrangência territorial, 36
    3.3. Quanto à disciplina legal, 37
    3.4. Quanto ao tipo de transportador, 38
    3.5. Quanto ao número de passageiros, 38

3.6. Quanto ao bem transportado, 39
3.7. Quanto ao objetivo, 39
3.8. Quanto aos países envolvidos, 39
3.9. Quanto ao número dos meios de transporte, 40
3.10. Quanto à presença do Poder Público, 41
3.11. Quanto à distância entre pontos, 41

4. DO CONTRATO DE TRANSPORTE AERONÁUTICO, 43
4.1. Legislação aeronáutica, 44
4.2. Direito aeronáutico, aéreo e espacial, 45
4.3. Domínio do espaço e dos ares, 47
4.4. O meio de transporte: a aeronave, 48
4.5. Normas de ordem pública, 49
4.6. Bilhete de passagem, 51
4.7. Órgão regulador do transporte aéreo, 53
4.8. A transportadora aérea, 55

5. A CONVENÇÃO DE VARSÓVIA SOBRE O TRANSPORTE AÉREO, 57
5.1. A Convenção de Varsóvia, 58
5.2. A legislação aplicável, 59
5.3. Âmbito de aplicação, 60
5.4. Responsabilidade do transportador aéreo internacional, 61
    5.4.1. Normas específicas da Convenção, 61
    5.4.2. Morte ou lesão corporal do passageiro, 62
    5.4.3. Dano à bagagem do passageiro, 63
    5.4.4. Danos à carga, 64
    5.4.5. Atraso na entrega da carga, 66
5.5. Transporte sucessivo, 66
5.6. Transporte combinado, 67
5.7. Bilhete de passagem e nota de bagagem, 68
5.8. Recurso à arbitragem, 69
5.9. Recurso à solução judicial, 70
5.10. Exoneração da responsabilidade, 72

6. DO CONHECIMENTO DE TRANSPORTE AÉREO, 75
6.1. Efeitos e características desse documento, 76
6.2. Responsabilidade pelos dados do conhecimento, 77
6.3. Valor probatório dos documentos de transporte aéreo, 77
6.4. Disposição da carga, 78
6.5. Entrega da carga, 79
6.6. Execução dos direitos, 79
6.7. Relações entre as partes, 79
6.8. Formalidades das autoridades públicas, 79

7. DO CONTRATO DE TRANSPORTE AÉREO DE BAGAGEM, 81
7.1. Aspectos conceituais, 82
7.2. Tipos de bagagem, 83
7.3. Normas do transporte de bagagem, 84
7.4. Transporte dentro do Brasil, 85
7.5. Artigos sujeitos a restrições, 85
7.6. Elementos do bilhete, 87
7.7. Obrigações do transportador, 88
7.8. Obrigações do passageiro, 89
7.9. Casos de força maior, 89

8. COMPETÊNCIA JUDICIÁRIA DO TRÁFEGO AÉREO, 91
8.1. Escolha do juízo competente, 92
8.2. Elementos de conexão no Direito Aeronáutico, 92
8.3. Competência da Justiça Federal, 93
8.4. Pronunciamentos judiciais, 98

9. DO CONTRATO DE TRANSPORTE AQUAVIÁRIO, 101
9.1. Antecedentes históricos, 102
9.2. A lei básica brasileira, 103
9.3. Convenções internacionais, 104
9.4. Convenção de Bruxelas sobre o transporte de passageiros, 105

9.5. Convenção de Bruxelas sobre o
transporte de bagagens, 109
    9.5.1. Responsabilidade quanto à bagagem, 111
    9.5.2. Inderrogabilidade das normas, 112
    9.5.3. Responsabilidade dos dependentes, 113
    9.5.4. Jurisdição e competência, 114
    9.5.5. Empresas públicas, 114
9.6. Entidades marítimas internacionais, 115

10. DIREITO INTERNACIONAL DOS TRANSPORTES, 119
10.1. Relevância do transporte, 120
10.2. Direito Aeronáutico Internacional, 121
10.3. O Direito Marítimo Internacional, 125
10.4. O transporte ferroviário, 129
10.5. Os transportes lacustre, fluvial e hidroviário, 130
10.6. O transporte rodoviário, 130

11. AS DISPOSIÇÕES DO NOVO CÓDIGO CIVIL, 133
11.1. Aspectos conceituais, 134
11.2. Legislação aplicável, 135
11.3. Transporte cumulativo, 135
11.4. Transporte de pessoas, 137
    11.4.1. Responsabilidade do transportador, 137
    11.4.2. Obrigações das partes, 138
    11.4.3. Desistência da viagem, 140
    11.4.4. Interrupção da viagem, 140
    11.4.5. Penhor legal, 141
11.5. Transporte de coisas, 141
    11.5.1. Embalagem da mercadoria, 141
    11.5.2. Desistência do despacho, 143
    11.5.3. Período de responsabilidade, 143
    11.5.4. Entrega da carga, 144
    11.5.5. Interrupção do transporte, 144
    11.5.6. Entrega da coisa, 145
    11.5.7. Destinatário duvidoso, 146

12. DO TRANSPORTE CUMULATIVO, 147

12.1. Aspectos conceituais, 148
12.2. Do Operador de Transporte Multimodal, 149
12.3. Do Conhecimento de Transporte Multimodal de Cargas, 150
12.4. Da responsabilidade do Operador de Transporte Multimodal, 152
12.5. Exclusão da responsabilidade, 153
12.6. Limitação da responsabilidade, 154
12.7. Recurso à arbitragem, 156
12.8. A legislação aplicável, 157
12.9. Do transporte intermodal, 158

13. DO CONTRATO DE TRANSPORTE RODOVIÁRIO, 159

13.1. Legislação aplicável e suas disposições, 160
13.2. Obrigações e direitos do passageiro, 161
13.3. O jargão rodoviário, 163
13.4. A tarifa rodoviária, 168
13.5. O bilhete de passagem, 169
13.6. A transportadora rodoviária, 170
13.7. Transporte de bagagem, 171

14. DO CONTRATO DE TRANSPORTE FERROVIÁRIO, 173

14.1. Evolução legislativa, 174
14.2. Regulamento dos Transportes Ferroviários, 175
14.3. O transporte de passageiros, 176
14.4. O transporte de bagagens, 177
14.5. O contrato de transporte de coisas, 178
14.6. Da responsabilidade civil das estradas de ferro, 180
14.7. Da responsabilidade por danos, 181

15. DECISÕES JURISPRUDÊNCIAIS SOBRE O CONTRATO DE TRANSPORTE, 185

15.1. Tendências da jurisprudência brasileira, 186
15.2. O endosso da passagem aérea, 190

15.3. Responsabilidade em transporte sucessivo, 195
15.4. Responsabilidade por dano moral, 201
15.5. Abalroamento no ar, 204
15.6. Cláusula limitativa da responsabilidade, 207
15.7. Crime no interior do veículo de transporte, 211
15.8. Começo e fim do contrato, 212
15.9. Objeto atirado contra o veículo, 215
15.10. Responsabilidade objetiva e presumida, 217
15.11. Atraso de passageiro ou do voo, 220

1. DO CONTRATO DE TRANSPORTE

1.1. Conceito e significado
1.2. Elementos do contrato
1.3. Contratos análogos
1.4. Partes do contrato
1.5. Características do contrato

1.1. Conceito e significado

É este um contrato dos mais aplicados, talvez só superado pelo de compra e venda. Afirma-se que mais de 2 milhões de pessoas fazem uso do metrô em São Paulo; celebra assim a companhia do metrô 2 milhões de contratos por dia. Ainda maior é o número de pessoas que se servem das linhas de ônibus e dos trens. A formação das grandes megalópoles e o desenvolvimento dos meios de locomoção exigiram a criação do novo contrato.

O direito brasileiro possui a este respeito não só legislação específica, mas as normas estabelecidas pelas empresas públicas ou impostas às particulares que tenham recebido concessão. Desde já, será conveniente apontar as disposições legislativas no tocante ao transporte, das quais falaremos no decorrer deste compêndio:

1. CÓDIGO CIVIL – arts. 730 a 756, a saber:
   – Disposições Gerais – arts. 730 a 733;
   – Do transporte de pessoas – arts. 734 a 742;
   – Do transporte de coisas – arts. 743 a 756.

2. CÓDIGO PENAL – Arts. 260 a 264 – Tipifica os crimes contra a segurança dos meios de comunicação e transporte.

3. CÓDIGO COMERCIAL (Lei 556, de 1850) – Arts. 457 a 796 – Estabelece disposições de Direito Marítimo, incluindo-se o contrato de transporte marítimo.

4. Lei 7.565/86 – Institui o Código Brasileiro de Aeronáutica.

5. Decreto 2.681/1912 – Regula a responsabilidade civil das estradas de ferro

6. Decreto-lei 116/67 – Regulamentada pelo Decreto 64.387/67 – Dispõe sobre as operações inerentes ao transporte de mercadorias por via d'água nos portos brasileiros, delimitando suas responsabilidades e tratando das faltas e avarias.

7. Lei 7.029/82 – Dispõe sobre o dutoviário de álcool.

8. Decreto 96.044/88 – Aprova o Regulamento para o Transporte Rodoviário de Produtos Perigosos.

9. Decreto 1.832/96 – Aprova o Regulamento dos Transportes Ferroviários.

10. Lei 9.611/98 – Regulamentada pelo Decreto 3.411/2000 – Dispõe sobre o transporte multimodal de cargas.

11. Lei 10.209/2001 – Institui o vale-pedágio obrigatório sobre o transporte de carga.

12. Lei 10.233/2001 – Dispõe sobre a reestruturação dos transportes aquaviário e terrestre, cria o Conselho Nacional de Integração de Políticas dos Transportes, a Agência Nacional de Transportes Terrestres, a Agência Nacional de Transportes Aquaviários e Departamento Nacional de Infra-Estrutura dos Transportes

Podemos considerar como definição do contrato de transporte o disposto no art. 730 do Código Civil de 2002:

Pelo contrato de transporte alguém se obriga, mediante retribuição, a transportar, de um lugar para outro, pessoas ou coisas.

Encontraremos ainda outro conceito no art. 222 do Código Brasileiro de Aeronáutica, que, malgrado se aplique no contrato específico de transporte aéreo, vem reiterar o conceito do Código Civil:

Pelo contrato de transporte aéreo, obriga-se o empresário a transportar passageiro, bagagem, carga, encomenda ou mala postal, por meio de aeronave, mediante pagamento.

O direito brasileiro possui a este respeito não só legislação específica mais as normas estabelecidas pelas empresas públicas ou impostas às particulares que tenham recebido concessão. Doutrinariamente, pode-se apelar para o direito italiano, cuja doutrina e jurisprudência são valiosas.

O direito espanhol e hispano-americano é bastante desenvolvido no campo do direito de transportes, mormente no aeronáutico, e são inúmeros os conceitos que podem ser extraídos de diversos juristas. Preferimos, porém, estabelecer um conceito que possa englobar as diversas opiniões expostas neste compêndio, de tal forma que possa ser integrado a um sistema coerente. Assim, tomaremos por base o seguinte conceito:

> *Contrato de transporte é o acordo em que uma das partes, denominada transportador, obriga-se a deslocar pessoas ou coisas, de um lugar para outro ou para um mesmo lugar, em veículo para esse fim, entregando-os incólumes em seu lugar de destino, mediante o pagamento de um preço, dentro das condições estabelecidas.*

O contrato adapta-se aos diversos tipos de meios de locomoção. Nos dias atuais, o transporte de passageiros em maior desenvolvimento é o aeronáutico, e, por isso, encontraremos considerações doutrinárias em maior volume.

1.2. Elementos do contrato

Da definição por nós esposada, são extraídos vários elementos essenciais, que, sendo considerados, levar-nos-ão a compreender melhor o sentido dos contratos:

TRANSPORTADOR

É a pessoa natural ou jurídica que se encarrega de providenciar o transporte. Nosso Código Civil não veda uma pessoa individual como transportador. Em nossos dias, porém, torna-se difícil a uma pessoa física ou uma empresa individual constituir-se como empresa de transporte. Na maioria dos casos, é uma pessoa jurídica, geralmente sociedade anônima, pública ou privada; neste último caso mediante concessão do Poder Público, com poderosa estrutura organizacional, recursos técnicos e materiais, pessoal especializado, direção de bom nível e sujeição às normas públicas internas e, em alguns casos, externas. Interpretaremos esses aspectos de forma mais clara, se tomarmos como exemplo A Rede Ferroviária Federal, a Cometa, a Fepasa, a TAM, a Gol.

Passageiro

É a pessoa física que vai ser transportada e constitui com o transportador as partes do contrato. Há diferença entre passageiro e viajante; esta é toda pessoa que viaja, podendo ser o motorista, o cobrador, um clandestino. O termo "passageiro" deriva-se de passagem; é um dos contratantes e portanto parte do contrato, sujeito de direitos e obrigações.

Veículo de Transporte

É o meio de tração utilizado para a translação do passageiro. Não haverá contrato de transporte se o passageiro se deslocar a pé ou por esforço próprio, como se dirigisse seu carro. Assim, se uma pessoa se deslocar guiando um automóvel ou uma bicicleta, poderá haver um contrato de locação de veículo, mas não contrato de transporte.

O meio de tração determina o tipo de contrato de transporte. O avião e o helicóptero constituem veículos de transporte aéreo, o trem e o metrô, de transporte ferroviário, enquanto o ônibus é o principal veículo de transporte rodoviário. Não está estabelecido o enquadramento do *overdraft* ou *batiscaffo*, veículo que caminha sobre colchões de ar rente à água.

Preço

É a contraprestação devida pelo passageiro. Consoante será explanado adiante, o contrato de transporte de pessoas é oneroso e comutativo. Pelo cumprimento da obrigação do transportador, corresponderá uma remuneração, chamada de preço ou tarifa. As tarifas de transporte de pessoas são estabelecidas pelo transportador, mas se submetem à aprovação das autoridades públicas. As tarifas de transporte aéreo dependem da aprovação da Iata – *International Air Traffic Association*; no Brasil dependem da Anac – Agência Nacional de Aviação Civil.

CARGA
No transporte de coisas, é a coisa transportada.

EXPEDIDOR
É a contraparte do transportador no transporte de carga. É pessoa que remete a carga, razão pela qual também é chamado de remetente.

DESTINATÁRIO
É a pessoa a quem a carga é dirigida e desfruta do direito de retirá-la.

1.3. Contratos análogos

No direito brasileiro o contrato de transporte está assumindo cada vez mais a posição de um contrato específico, próprio, com seus elementos caracterizadores. Distancia-se dos demais, ganhando autenticidade, embora na sua composição tenha reunido características e elementos de outras figuras contratuais.

Apesar da semelhança com o contrato de compra e venda, não se confunde com este. O contrato de compra e venda implica a transição de um bem. Não há falar, destarte, em contrato de compra e venda de passagem; esta é um documento de legitimação: um documento que dá direito de viajar.

Não se trata também de cessão de direitos pois o transportador não cede a terceiros um direito que possui ante o devedor, mas presta um serviço ao passageiro.

Levantam alguns a hipótese de que o transportador vende um espaço, para ser ocupado pelo passageiro. Aproxima-se então o contrato de transporte ao de compra e venda ou de locação de espaço. Contudo, há maior complexidade. No campo das responsabilidades é bem maior a implicação do transportador; vigora desde que adentra a estação de embarque até terminar o desembarque e não apenas quando o veículo está em operação.

Entretanto, é possível considerar que o transportador faz a locação não apenas do espaço no veículo de transporte, mas de toda sua organização especializada, assumindo os riscos de seu bom funcionamento.

Quanto ao transporte de bagagem, notam-se alguns elementos do contrato de depósito. Também elementos do mandato podem ser encontrados, pois o transportador atua como mandatário do passageiro perante às autoridades.

1.4. Partes do contrato

A parte do contrato que se obriga à execução do transporte chama-se transportador. O transportador pode ser o próprio Estado, o que é comum na maioria dos países. O Estado constitui então uma empresa pública, destinada a prestar os serviços de transporte. A empresa pública reveste-se da forma de S/A, cujo capital pertence totalmente ao Poder Público; é um caso meio raro de S/A constituída por um só acionista; é também chamada de sociedade unipessoal. É o caso da Fepasa, Refesa e outras diversas empresas de transporte, pertencente aos governos federal, estadual ou municipal.

Por outro lado, o volume de trabalho e de responsabilidade, no campo dos transportes, é muito amplo e difícil, ultrapassando a própria capacidade do Estado. Lança, então, a administração governamental, mão da colaboração privada para cobrir a necessidade dos passageiros. Dentro desse critério, dá concessão a empresas particulares que reúnam condições de executar o transporte coletivo de passageiros. Exemplo desse sistema é a extensa gama de empresas que se obrigam a prestar regularmente o serviço de transportes coletivos de passageiros da capital do Estado de São Paulo.

Por meio da concessão, o Estado encarrega uma empresa particular de transporte, denominada concessionária, da execução de serviços públicos. Essas empresas são privadas mas prestadoras de serviços públicos. É uma execução indireta de serviços públicos, visto que não é possível ou conveniente sua execução diretamente pelo governo. Essas empresas são privadas mas prestam serviços em nome do Estado, que lhes outorga esse direito.

Perante o contrato não há diferença entre empresa pública e privada: ambas têm os mesmos direitos e as mesmas obrigações. A empresa privada é uma concessionária, a quem o governo transferiu parte de suas atribuições. A empresa pública, por sua vez, assume as vestes de empresa particular e se não cumprir suas obrigações poderá ser processada perante a justiça comum, sem privilégios de foro. O passageiro poderá requerer ao governo para que acione seu aparelhamento judiciário, ainda que seja contra uma empresa que lhe pertença. É a ação do Estado-Juiz contra o Estado-Empresário.

PASSAGEIRO

A parte que se destina a ser transportada e assume a obrigação de pagar o preço chama-se passageiro. Não é próprio chamá-lo de viajante. Viajante é toda pessoa que viaja; o comandante de um navio ou de um avião, o motorista de um ônibus, a comissária de bordo, todos viajam, mas não podem ser considerados passageiros. Idêntica situação é a do maquinista de um trem. Um funcionário da empresa de transporte, que viaja a serviço, às vezes pode ter consigo uma passagem, que se transforma num salvo-conduto. O clandestino, que adentra ilegal e furtivamente um veículo de transporte coletivo de passageiros é um viajante; não tem, contudo, direitos e obrigações próprias de passageiro. Para que assuma a posição de viajante, é preciso que o veículo esteja em operação.

O passageiro é a pessoa que contratou a empresa transportadora; é o titular da relação jurídica; assume direitos e obrigações contratuais. Assume a posição de passageiro no momento em que celebra o contrato de transporte e só deixa de sê-lo depois que foi transferido incólume ao seu destino e deixa a instalação de chegada (aeroporto, estação, porto, etc.), o que não acontece com o viajante.

O passageiro poderá assumir também a posição de viajante, no momento em que estiver em veículo em movimento, condição essa que cessará quando o veículo chegar ao destino.

Um aspecto se revela na capacidade de contratar, que se alarga muito para o passageiro, o que faz com que o contrato de transporte se distinga de todos os demais contratos. Para que estes sejam considerados válidos, será preciso que as partes contratantes possuam capacidade jurídica. Nosso Código Civil, no art. 3º considera como absolutamente incapazes de exercer pessoalmente atos da vida civil, os menores de 16 anos, os surdo-mudos que não puderem exprimir sua vontade, os ausentes declarados tais por atos do juiz. O art. 4º aponta como incapazes, relativamente a certos atos ou à maneira de os exercer, os maiores de 16 anos e menores de 18 anos, os pródigos e os silvícolas.

Entretanto, tais disposições não se aplicam ao passageiro. Uma pessoa, tanto absoluta como relativamente incapaz, pode celebrar contrato de transporte e transformar-se num passageiro. Assim, vemos facilmente que para fazer uso do metrô celebram contratos os menores, pródigos, interditos, surdos-mudos.

Tratando-se os transportes de serviços coletivos prestados a um público massivo e indiscriminado, não há possibilidades de se identificar cada passageiro; é um serviço oferecido a quem quiser dele servir-se e de caráter quase obrigatório. O transportador renuncia à escolha e seleção dos contratantes, característica própria dos contratos de adesão. Como o transporte é um serviço de utilidade pública, o contrato vai, aos poucos, perdendo o seu rigorismo para se tornar mais uma questão de interesse coletivo do que um negócio jurídico privado, preso a regras severas, uma vez que o interesse coletivo deve se sobrepor ao interesse particular, transformando atos que deveriam ser regidos por normas precisas em serviço de interesse coletivo que cada um pode usufruir.

A figura do passageiro liga-se à de passagem, sua origem etimológica. A passagem é o preço pago para o transporte e só pode ser passageiro, destarte, quem tenha pagado ou assumido a obrigação de pagá-lo.

Expedidor

No transporte de carga, o expedidor (ou remetente) é a segunda parte. É a pessoa física ou jurídica que despacha a coisa de um lugar para outro, servindo-se da empresa transportadora. Nesse tipo de transporte, há ainda uma terceira parte: o destinatário da coisa. É a pessoa a quem a coisa é dirigida, podendo ser o próprio remetente. O destinatário não é parte celebrante do contrato, mas integra-se a ele e se apresenta como figura obrigatória, pois alguém tem que receber a mercadoria despachada. Ainda que seja o próprio remetente a retirar a mercadoria, haverá essa nova figura interveniente do contrato, porquanto uma mesma pessoa assume posições diferentes: expedidor e destinatário.

1.5. Características do contrato

Todo contrato tem características gerais, aplicadas a qualquer contrato, e outras específicas, que o distingue dos demais. O contrato em apreço apresenta como mais frisantes características as de ser empresarial (mercantil), oneroso, de prestações recíprocas, não solene, consensual, nominado, pessoal, principal, de execução diferida ou continuada. Essas características comportam breve consideração.

EMPRESARIAL
Estamos falando de contrato comum a empresas, como as empresas de aviação, empresas de transportes públicos ou privados, registradas na Junta Comercial. São organizações que perseguem lucros, procurando no contrato obter vantagens pelos serviços que prestam a seus clientes, da mesma maneira que estes também objetivam vantagens econômicas pelo preço que pagam.

O transportador é sempre uma empresa, de caráter mercantil, e suas atividades se integram ao segmento econômico da atividade empresarial. Outrossim, a maioria das empresas de transportes são S/A, e, segundo nossa legislação societária, uma S/A é sempre uma organização mercantil, qualquer que seja seu objeto.

A característica do contrato é tipicamente empresarial, mercantil; é a prestação de serviço profissional especializado, por uma empresa de transporte, mediante o pagamento de um determinado preço, vale dizer, uma contraprestação. Não se considera contrato de transporte, por exemplo, o serviço prestado por táxi: é contrato de prestação de serviços, mas não de transporte coletivo nem exercido em caráter empresarial. O fretamento de um ônibus para levar um time de futebol também não se enquadra num contrato de transporte.

Oneroso

O conceito do contrato revela-o como oneroso, ou seja, ambas as partes têm obrigações a cumprir. A doação de um imóvel de um pai a seu filho é um contrato gratuito, pois não há contraprestação; apenas o doador assume a obrigação de dar a coisa doada. Se o filho pagasse algum preço pela coisa, não seria contrato gratuito, mas oneroso.

O contrato de transporte, ao contrário, traz direitos e obrigações, para ambas as partes: para o passageiro a obrigação de pagar o preço, para o transportador a obrigação de executar o transporte.

De Prestações Recíprocas

É também chamado de bilateral ou comutativo. Não é bem simpática a primeira expressão, pois chamar o contrato bilateral dá a impressão de ser entre duas partes; quase todos os contratos são bilaterais, entre duas partes, podendo haver contrato trilateral e outros. A expressão "comutativo" é bem antiga e origina-se do direito romano, mas chamá-lo "de prestações recíprocas" parece ser mais apropriado para o mundo moderno. Não quer referir-se ao fato de ser assinado por duas partes, mas que as duas partes devem arcar com sacrifício semelhante. O contrato de transporte, por sua própria natureza empresarial, deve-se pautar pela comutatividade, pelo equilíbrio, para não se constituir um contrato leonino.

Execução Instantânea, Diferida, Continuada

Na execução instantânea, ambas as partes cumprem instantaneamente, prontamente, suas obrigações, de tal forma que o contrato se extingue no ato. Assim, numa compra à vista, o vendedor entrega a mercadoria e o comprador paga o preço; num só instante o contrato formou-se, cumpriu-se e extinguiu-se. É o que ocorre com o transporte por meio de ônibus, trem ou metrô. O passageiro entra num veículo no final do trajeto: são diversos atos sem interrupção, em que o contrato se processou numa sequência imediata. Outros casos há em que a execução do transporte se processa em diversas etapas, como ocorre comumente nos contratos com agências de turismo. O cumprimento da obrigação assumida pelas partes processa-se de maneira sucessiva, continuada, fracionando-se em várias prestações parciais e individualizadas, conexas entre si.

Os que trabalham na área de turismo conhecem bem o contrato celebrado com a Eurailpass, um *pool* entre diversas ferrovias europeias, pelo qual o passageiro recebe uma passagem que o permite viajar em linhas ferroviárias a qualquer momento, em trajeto de sua escolha. Numa viagem aérea, é possível ao passageiro deter-se num país, retomando a viagem após alguns dias, em cumprimento de um só contrato.

No transporte aéreo e marítimo ocorre geralmente contrato de execução diferida. O contrato é celebrado e a passagem é emitida; entretanto, a viagem só será realizada em ocasião futura, devendo ser feita reserva do assento no momento do embarque. Outras vezes, o passageiro celebra o contrato na hora de viajar, mas fica de pagar em outra ocasião; sua obrigação fica assim diferida, adiada para outro momento.

Essa distinção das formas de execução do transporte – instantânea, continuada e diferida – torna-se importante, pois nos dois últimos tipos de execução podem ocorrer circunstâncias externas imprevistas ou imprevisíveis, realçando certas cláusulas genéricas, tradicionalmente invocadas no Direito Empresarial, como a da *rebus sic standibus* e da *exceptio non adimpleti contractus*.

CONSENSUAL

O contrato consensual se aperfeiçoa de ambas as partes; basta que elas entrem num acordo, mesmo verbal, para que o contrato se formalize. A existência do bilhete de passagem não é imprescindível para a existência do contrato. Não é necessário que haja entrega de qualquer coisa, mesmo do dinheiro, ou a prática de atos concretos.

Contratos existem em que não basta apenas o consentimento para a sua perfeição, como é o caso do aluguel de um imóvel; é preciso que o imóvel seja entregue ao locatário. É chamado de contrato real, que se opõe ao consensual, por exigir, além do acordo entre as partes, a entrega da coisa que constituir o seu objeto; há, portanto, a tradição efetiva, material de uma coisa.

É ilusório julgar-se que no transporte aéreo e marítimo haja tradição de uma coisa, no caso o bilhete de passagem, sendo por isso um contrato real. A passagem não é o objeto do contrato, mas apenas um documento comprobatório da existência do contrato. Nem sempre existe passagem, como nos ônibus urbanos, o que não altera a perfeição do contrato.

Pessoal ou Impessoal

Os contratos de transporte aéreo e marítimo são *intuitu persona*, ou seja, pessoais; a determinação da pessoa do passageiro é essencial para a validade do contrato. É uma das razões pelas quais o passageiro deve identificar-se quando for solicitado. A passagem é, por isso, intransferível, a não ser que haja aprovação do transportador.

É diferente o que ocorre com o transporte terrestre. Os passageiros do ônibus, do metrô ou dos trens não precisam identificar-se. O contrato é impessoal, de tal forma que a passagem pode ser transferida por simples tradição.

Nominado

O contrato inominado não é aquele a que falta o nome, mas que não está tipificado pela lei. Os contratos de compra e venda, de locação, de seguro e outros estão previstos pelo nosso Código Civil. São contratos típicos ou nominados. O contrato de transporte está tipificado pelo Código Civil e também está regulamentado por várias outras leis, como no Código Brasileiro de Aeronáutica, no Código Comercial e outras leis regulamentadoras do transporte no Brasil.

Muitas disposições legais determinam seu conteúdo. A legislação brasileira referente aos transportes é bem extensa e suas disposições, bem como as de numerosas convenções internacionais, aplicam-se ao contrato.

Não Solene

Solenes são os contratos aos quais a lei exige uma forma especial; são contratos formais. A compra e venda de um imóvel, por exemplo, só se formaliza mediante escritura pública. É também o caso de hipoteca.

O contrato de transporte não possui uma forma especial determinada pela lei e varia conforme o tipo de transporte. O contrato de transporte aéreo, por exemplo, é um tanto formal, pois, para ele, a lei exige a emissão do bilhete de passagem. O contrato nem possui documentos comprobatórios, em outros casos, sendo estabelecidos oralmente, e outros nem verbalmente. Muitas vezes o passageiro do metrô ou de um ônibus urbano realiza uma viagem sem pronunciar uma só palavra; os gestos e ações, todavia, expressam sua vontade de contratar.

PRINCIPAL

O contrato de transporte de passageiro é principal, porque tem existência autônoma; não depende de outro contrato. Tal não acontece com o contrato de transporte de bagagem do passageiro; este não existe sem o primeiro. O contrato de transporte de bagagem é, portanto, acessório, pois depende do principal; complementa a ação principal, que é a de trasladar o passageiro de um lugar para outro. Este pode não levar bagagem, havendo pois o contrato principal.

Predomina no campo contratual um princípio bastante antigo de que "o acessório segue o principal" (*accessorium sequitur natura sui principalis*). Dentro desse princípio, no momento em que o principal se extingue, extingue-se também o acessório; assim, no momento em que o passageiro sai da estação ou da pista do aeroporto, termina também o transporte da bagagem. Se o contrato de transporte de pessoa for nulo ou anulável, nulo ou anulável será o de bagagem, embora a recíproca não seja verdadeira.

OBRIGAÇÃO DE DAR X FAZER

Nosso Código Civil, no seu Livro I – Do Direito das Obrigações, prevê dois tipos principais de obrigações: de dar (arts. 233 a 246) e de fazer (arts. 247 a 249). No contrato de transporte encontram-se duas obrigações, atribuídas respectivamente a cada uma das partes.

Para o transportador existe a obrigação de fazer (executar o transporte); para o passageiro existe a obrigação de dar (pagar o preço da passagem). Trata-se, portanto, de contrato de escambo, de troca. Corresponde a um tipo de contrato previsto no direito romano com o nome de *Do Ut Facias* (um dá enquanto o outro faz).

2. CONTRATO DE TRANSPORTE TORNA-SE CONTRATO DE ADESÃO

2.1. Características dos contratos
2.2. Uniformidade de condições
2.3. A lição de Orlando Gomes
2.4. A intervenção do Poder Público

2.1. Características dos contratos

A maioria dos contratos de transporte tem as características mais comuns dos contratos de adesão, pelo que podem ser classificados nessa figura contratual. Não se estabeleceu ainda conceito bem preciso sobre essa nova figura, de que a moderna doutrina tem-se ocupado com muita frequência, mas que não revelou ainda uma característica que lhe seja única, a ponto de distingui-la de todas as demais.

Todavia, já se conseguiu reunir diversas características, que, mesmo sendo específicas, irão individualizar o contrato de adesão como nova modalidade emergente no universo contratual. Essas características são comumente encontradas nos contratos de transporte, constituindo um exemplo bem sugestivo de contrato de adesão.

1. O primeiro aspecto a ser considerado é o de que, no contrato de adesão, a parte que estabelece as cláusulas, a que a outra adere, é, geralmente, uma empresa pública ou uma concessionária de serviços públicos. Como exemplo, podemos citar as empresas fornecedoras de energia elétrica, de gás, de água, etc. Citam-se ainda a Cia. Telefônica, a Nuclebrás, a Petrobras, a EBCT, as companhias seguradoras e as editoras de catálogos telefônicos.

Entre elas situam-se quase todas as empresas de transportes, como a CMTC e suas congêneres nas grandes cidades, a Rede Ferroviária Federal, a Fepasa, o Metrô. Outras empresas não estatais, como as concessionárias de serviços de ônibus e de aviação, desfrutam de concessão, de privilégios ou exclusividades, embora obedecendo às normas ditadas pelo órgão público concedente da concessão. Estão aí traços comuns que aproximam o contrato de transporte dos demais contratos de adesão.

2. Em segundo aspecto, intimamente correlacionado com o primeiro, é que o policitante tem como objetivo social a prestação de um serviço público, de interesse coletivo. Podem-se tomar como exemplos as empresas já citadas anteriormente, tipicamente adotantes do contrato de adesão.

As empresas transportadoras, tais como o Metrô, a Fepasa e outras, são manifestas prestadoras de serviço público; nota-se esse aspecto pelo porte, pelo elevado número de usuários e, portanto, seus contratantes, a inspeção e o controle exercidos pelo Poder Público.

3. A maior parte dos doutrinadores conceitua o contrato de adesão como aquele em que uma das partes estabelece as cláusulas contratuais, que serão aceitas *in totum* pelo oblato, sob pena de não realização do contrato.

É, por exemplo, o caso do fornecimento de água; nele a empresa prestadora do serviço estabelece todas as condições do contrato, restando ao usuário apenas concordar. Não lhe é facultado debater as condições ou fazer contrapropostas; desaparece aquela fase chamada de "tratativas", o *pourparlers* do direito francês e a *interhandlung* do direito alemão e suíço.

No contrato de transporte sucede esse mesmo fato; todas as cláusulas são prescritas pela transportadora, não restando ao passageiro outro caminho a não ser aceitá-las ou deixar de estabelecer o contrato. Assim, é vedado ao passageiro do Metrô discutir itinerário, horário, preço ou outras cláusulas importantes do contrato. Acontece dessa maneira também com o expedidor de uma carga.

O passageiro que pretende empreender viagem de São Paulo ao Rio de Janeiro pela ponte aérea, ou despachar mercadoria por ela, só poderá adquirir passagem pelo preço já fixado e pagar o frete, adotar o horário imposto, submeter-se ao itinerário pré-estabelecido e às demais condições, grande parte das quais lhe são desconhecidas, mesmo depois de aceitas. Em outra parte deste trabalho, a respeito do bilhete de passagem, poder-se-á sentir esse aspecto.

4. O contrato de adesão é normalmente estabelecido em um documento impresso, com cláusulas acessórias já escritas, e as cláusulas principais constituem geralmente o preço, o tempo, a data do início e fim do contrato, a assinatura, o nome do contratante.

É o que acontece no contrato de transporte de pessoas, como se vê nos impressos das agências de turismo, cujos claros serão preenchidos no momento da assinatura do contrato. O exemplo mais sugestivo é encontrado na passagem aérea, documento que expressa o contrato de transporte aéreo de passageiros. Trata-se de impresso uniforme entre as diversas empresas aéreas, bilíngue, constando as cláusulas no idioma do país em que o contrato é firmado e em inglês.

As cláusulas acessórias, as padronizadas, são, na maioria delas, estabelecidas desde a Convenção de Varsóvia, de 1929. As principais são preenchidas no momento em que o contrato é celebrado, constando o preço, o local da partida e o destino, o nome do contratante, a data e hora do embarque, o número do voo, o tipo de equipamento de transporte.

5. No contrato de adesão, a oferta é muitas vezes tácita e feita a um público indeterminado. A simples existência do serviço representa sua colocação ao dispor do público, que dele poderá servir-se quando quiser.

Os serviços de transportes conservam este característico.

A empresa de transporte está à disposição de um público indeterminado, que se predispuser a fazer uso de seus serviços. A empresa transportadora renuncia à escolha de seu oblato. Aliás, a legislação de diversos países impõe à empresa pública ou concessionária de serviços públicos a obrigação de aceitar o contratante desde que não haja impedimentos previstos em lei.

6. O preço das prestações firmadas num contrato de adesão é prefixado e aprovado pelo Poder Público, constituindo-se numa "tarifa legal". Sendo as cláusulas do contrato de adesão estabelecidas por uma das partes, não seria possível conceder a essa parte um poder incomensurável, senão poderia essa elaborar um contrato leonino. Por essa razão, as tarifas devem ser submetidas à apreciação do Poder Público e instituídas por meio de norma legal. Assiste-se comumente às desavenças entre as concessionárias dos serviços de transportes e a Prefeitura Municipal sobre o reajuste de tarifas.

Nos demais tipos de transporte segue-se o mesmo critério. No contrato de transporte aéreo existe ainda a aprovação da Iata no plano internacional. Assim, a tarifa adotada em uma determinada passagem é uniforme para aquele percurso, preço que obrigatoriamente deve ser seguido pelas empresas concorrentes, pois a empresa transportadora, ao adotá-lo, submeteu-se ao beneplácito oficial.

7. A sétima característica a ser citada sobre o contrato de adesão é que ele se aplica normalmente a serviço de consumo obrigatório, ou seja, um serviço que não pode ser recusado; o oblato o aceita ou não o desfruta. Basta examinar os contratos de empresas prestadoras de serviço como correios e telégrafos, água, gás, luz, esgotos, como também de seguros, para encontrar exemplos.

A mesma situação acontece com os serviços de transporte. Quem precisar servir-se do Metrô só poderá estabelecer contrato com a empresa que o explora. Quem precisar viajar de avião, será obrigado a aderir ao contrato com uma das empresas que atendem ao local, geralmente uma só.

8. Outro traço distintivo é o de que o contrato de adesão apresenta cláusulas contratuais uniformes e tarifas invariáveis. Se o contrato é aprovado pelo Poder Público e também os preços dos serviços, não se poderia modificá-los sem uma transgressão legal.

2.2. Uniformidade de condições

Seria, por outro lado, estabelecer um privilégio odioso ou ainda um favorecimento desleal de concorrência. É o que ocorre, por exemplo, se uma empresa de transporte concedesse 50% de abatimento, em sua tarifa, para determinada empresa; ou se a mesma empresa concedesse tal desconto pelo transporte até determinado local. No primeiro caso, afrontaria a concorrência e, no segundo, as localidades vizinhas.

No transporte aéreo essa uniformidade é acompanhada ainda mais de perto, porquanto não só as cláusulas contratuais são rigidamente examinadas pelo Poder Público, mas até os serviços prestados. Agrava-se ainda mais o rigor, no transporte aéreo, pela participação da Iata e do Icao – *International Civil Aviation Organization* –, que, antes da aprovação oficial, dão o seu beneplácito.

Destarte, uma empresa de transporte aéreo não poderá criar condições favoráveis ao passageiro, nem desfavoráveis, que possam constituir concorrência com outras. Nem mesmo oferecer brindes, cujo valor possa ser considerado peso ou alívio em sua tarifa, ou conceder outras regalias, como apanhar ou levar o passageiro em sua residência. Esses privilégios modificariam as cláusulas contratuais, em desobediência às deliberações da Iata e do Icao, como ainda à legislação de grande parte dos países. Afrontaria a própria essência do contrato de adesão.

Na análise dos oito sinais individualizadores, anteriormente citados, do contrato de adesão, e na própria essência dessa figura contratual, poderão ser distinguidos e interpretados muitos aspectos do contrato de transporte. Poderá ainda ser justificada a posição do legislador e do Poder Público ante a sua regulamentação.

Ressalte-se por isso a enorme importância que adquirem as decisões jurisprudenciais e a estabilidade doutrinária a que vem se dirigindo a interpretação dos contratos de adesão no mundo moderno, a fim de que se chegue a maior segurança na interpretação do contrato de transporte, porquanto aquele é um gênero e este é espécie.

Reinam expectativas no que tange à posição do Poder Público e do legislador a este respeito, embora no tocante ao contrato de transporte a legislação tenha sido prolífica, uma vez que não só foram elaboradas diversas leis, normas e instruções, como também fazem parte dessa legislação diversas convenções internacionais de que o Brasil participou.

2.3. A lição de Orlando Gomes

Ilustrativo será registrar a opinião do professor Orlando Gomes a esse respeito, por ter sido o jurista brasileiro que mais se interessou por esta questão:

"Se bem que o contrato de adesão não se distingue tecnicamente por qualquer particularidade de sua estrutura, o legislador não fica indiferente às circunstâncias que o perfilam nos traços assinados pela doutrina.

É verdade que os códigos não o disciplinam especificamente, salvo o italiano, o etíope e o holandês. Nenhuma lei assinalou o constrangimento de uma das partes à coação para admitir, sob esse fundamento, anulabilidade dos contratos de adesão, mas o legislador não os ignora, antes sabe que inúmeras pessoas são obrigadas a contratar, aderindo pura e simplesmente a um regulamento traçado soberanamente pelo detentor do monopólio virtual ou legal de determinado serviço.

Intervém com medidas aplicadas por meio de interessante processo técnico: a regulamentação legal do contrato. Por meio de normas imperativas, impede que o contratante privilegiado estipule arbitrariamente as cláusulas contratuais. Tais regras incorporam-se automaticamente ao conteúdo da relação negocial, coatando possíveis e prováveis abusos. Ditam-se, principalmente, com o objetivo de proteger os que precisam contratar.

Outras vezes, processa-se a intervenção legal mediante a exigência de um regulamento elaborado pelo contratante privilegiado, como proposta à coletividade, seja previamente aprovado pela autoridade administrativa ou resulte de uma discussão corporativa.

Ademais, como de regra, o contrato de adesão ocorre na prestação de serviço de utilidade pública, a autoridade que a concede traça normas, no ato da concessão, que limitam o arbítrio do concessionário, normas essas que definem as próprias cláusulas essenciais, para maior proteção dos usuários, futuros aderentes dos contratos.

Método interessante de intervenção legal é o que exige aprovação específica, por escrito, de cláusulas que estabeleçam em favor do contratante privilegiado limitações de responsabilidade, restrições à liberdade contratual das relações com terceiros, prorrogação do contrato, cláusulas de compromisso ou derrogação da competência da autoridade judiciária.

Recusando eficácia a tais cláusulas, a lei protege o aderente, presumindo-o contra a exploração ou dispensando-o de exame aprofundado do conteúdo das disposições expressas."

2.4. A Intervenção do Poder Público

Devido a medidas como as que mereceram as considerações de nosso consagrado mestre, as empresas particulares que desenvolvem operações mercantis oferecidas ao público por meio de contrato de adesão ficaram de tal modo manietadas por controles, que poucas conseguiram sobreviver. Predominam por isso, em nossos dias, as empresas públicas na prestação de serviços oferecidos à comunidade graças ao contrato de adesão.

Nas atividades de transportes, a situação caminha para o mesmo estágio. O transporte ferroviário está quase todo monopolizado pela

Rede Ferroviária Federal, restando pequena parte a cargo da Fepasa. O transporte aéreo, exceto no Brasil e Estados Unidos, está a cargo de empresas públicas. Tanto as empresas públicas como as privadas estão submetidas ao mesmo controle. Há errônea interpretação no fato de que o passageiro que adquire passagem, em que estão inscritas as cláusulas contratuais, estará se submetendo a um contrato leonino, que lhe impõe pesadas responsabilidades, isentando o transportador de contraprestação, porquanto delas não há referência nas passagens, documento comprobatório do contrato.

Conforme se observa no levantamento de obrigações do transportador e do passageiro, praticamente a única obrigação importante do passageiro é a de pagar o preço. Em contrapartida, a gama de responsabilidades atribuídas ao transportador é imensa.

As intervenções oficiais para proteção do interesse público e a limitação do poder de barganha do transportador juntam-se à estrutura do serviço público, como a estrutura aeroportuária. Mesmo sendo uma empresa privada, terá a empresa transportadora de submeter-se ao regulamento dos aeroportos, em sua totalidade, órgãos públicos.

3. TIPOS DE TRANSPORTE

3.1. Quanto ao meio de locomoção
3.2. Quanto à abrangência territorial
3.3. Quanto à disciplina legal
3.4. Quanto ao tipo de transportador
3.5. Quanto ao número de passageiros
3.6. Quanto ao bem transportado
3.7. Quanto ao objetivo
3.8. Quanto aos países envolvidos
3.9. Quanto ao número dos meios de transporte
3.10. Quanto à presença do Poder Público
3.11. Quanto à distância entre pontos

3.1. Quanto ao meio de locomoção

Consoante os diversos ângulos pelos quais se analisa um transporte, nota-se que existem variados tipos, e, de acordo com suas características, irão surgir modificações nas cláusulas de um contrato de transporte.

Quanto ao meio de locomoção, o transporte pode ser: terrestre, marítimo e aeronáutico. Essa distinção é das mais importantes, uma vez que leis específicas regulam cada um e órgãos diversos disciplinam o funcionamento desses transportes e as cláusulas contratuais. Assim, o transporte aeronáutico é da competência do Ministério da Defesa, pelo seu órgão Anac – Agência Nacional de Aviação Civil. Os transportes terrestres são da competência do Ministério dos Transportes, pela ANTT – Agência Nacional de Transportes Terrestres. O marítimo é atribuição da Sunaman – Superintendência Nacional da Marinha Mercante. Esses órgãos não são apenas disciplinadores, mas técnicos e legisladores, pois baixam normas, aprovam modificações nas cláusulas do contrato.

O transporte terrestre pode ser rodoviário, ferroviário e metroviário. Cada um será pormenorizadamente estudado neste compêndio.

O transporte aquaviário abrange o marítimo, que se processa no mar, o lacustre, sobre as águas dos lagos, e o hidroviário, em canais especialmente preparados para o transporte. O lacustre é utilizado no Brasil na lagoa dos Patos (onde está Porto Alegre) e na Baía de Guajará-Mirim, em Belém do Pará. É muito ativo nos grandes lagos, entre EUA e Canadá.

O transporte fluvial é usado na maior parte dos países, e épocas houve em que era o principal, como na Bélgica e na Holanda. É o meio mais importante na região amazônica e na região dos rios São Francisco e Paraná; na Europa no rio Reno. Por ser mais antigo, o transporte marítimo propriamente dito encontra numerosas disposições no Código Comercial. O Código Brasileiro de Aeronáutica (Lei 7.565/86) é a principal legislação do transporte aeronáutico, conforme será explanado na parte específica deste compêndio.

3.2. Quanto à abrangência territorial

No tocante à abrangência territorial, o transporte pode ser: municipal, intermunicipal, interestadual ou internacional. Essa divisão implica competência e legislação. Conforme o caso, aplica-se ao contrato a legislação municipal, estadual, nacional ou internacional.

3.3. Quanto à disciplina legal

No que tange ao seu aspecto disciplinar, pode ser regular e não regular. Sob o ponto de vista jurídico-contratual, essa distinção é deveras importante. O transporte regular é realizado em horários prefixados; são registrados nos órgãos competentes. O transporte regular é disciplinado pelo Decreto 72.898, de 9.10.1973, enquanto os não regulares seguem as normas do Decreto 46.124, de 25.5.1959. No Brasil, por força do disposto no Decreto 72.898/73, os serviços aéreos de transporte regular podem ser realizados mediante concessão ou autorização e os de transporte não regular, mediante autorização.

Assim, a TAM e a Gol são concessionárias de serviço público, que poderia ser realizado pela União, ou indiretamente, mediante concessão, como vem acontecendo. O serviço de transporte regular, porém, é mero serviço de interesse ou de utilidade pública, mas não propriamente um serviço público. É realizado sem horário prefixado, podendo ser de passageiros, de carga ou de mala postal.

Os serviços não regulares estão em grande desenvolvimento, talvez maior proporcionalmente ao dos serviços regulares, pelo menos no Brasil, devido ao crescimento do turismo e à ocupação do espaço interiorano brasileiro. Surgiram, em consequência, os voos *charter* e os táxis-aéreos. O *charter* começou a ser aplicado desde 1950 na Europa, passando depois aos EUA, graças ao afluxo de turistas. O táxi-aéreo é prática comumente adotada em quase todos os aeroportos brasileiros para ligar pontos não servidos por linha aérea regular, ou casos de urgência.

Embora o *charter* seja voo não regular, o contrato é o comum dos transportes. Não é nem mesmo considerado contrato de transporte, mas de locação de serviços, originário da evolução da *locatio condutio operarum* do direito romano.

Os serviços não regulares foram reconhecidos pela própria Convenção de Chicago, de 1944 , no art. 5º, enquanto os serviços regulares foram tratados no art. 6º.

3.4. Quanto ao tipo de transportador

O transporte pode ser realizado por dois tipos de transportadores: público, se estiver a cargo do Poder Público, e privado, se o transportador for empresa privada. O transporte público é o realizado pelo próprio Governo ou por empresas públicas, vale dizer, empresas do Governo. Privado é o que realizam as empresas privadas, ainda que sejam concessionárias de serviços públicos.

Para muitos, entretanto, o contrato de transporte é tutelado essencialmente pelo direito privado, por tratar-se de operação tipicamente empresarial. Mesmo uma empresa pública, como a Fepasa, que pertence ao Governo do Estado de São Paulo, ou a Rede Ferroviária Federal, celebra contrato de natureza empresarial com seus usuários. O Estado constitui-se como parte contratante, mas o faz na condição de Estado-Empresário e Estado-Poder. Deste modo, uma demanda deverá estar submetida à apreciação da Justiça.

O transporte realmente público, como o de militares, em tempo de guerra, constitui acordos oficiais, regidos pelo Direito Administrativo, escapando, portanto, ao nosso estudo.

3.5. Quanto ao número de passageiros

O transporte individual enquadra-se na *locatio conductio operis*, não constituindo objeto de contrato de transporte. Assim, quem apanha um táxi-aéreo para ir de uma cidade a outra, ou um helicóptero para dar uma volta sobre uma área, não celebra contrato de transporte. Não há emissão de passagem e dispensa-se a apresentação de qualquer documento. Trata-se de contrato de prestação de serviços.

O Direito Empresarial ocupa-se do contrato de transporte coletivo de passageiros, tais como são celebrados nas viagens por aviões, trens, ônibus, navios, etc.

3.6. Quanto ao bem transportado

Sob esse critério classifica-se em transporte de passageiro, bagagem, carga e mala postal. Normalmente há veículos especializados pelo tipo de serviço; há aviões de passageiro, carga e mala postal, como ainda trens e veículos automotores especializados.

3.7. Quanto ao objetivo

O objetivo é o fim desejado pelo usuário do transporte; no tocante a esse critério o contrato respectivo terá variados motizes. Pode ser de turismo, que muito se desenvolve atualmente, de negócios, de publicidade, de aerofotogrametria, fumigação, adubação agrícola e um sem- -número previsto de razões, dependendo só do objetivo do usuário.

3.8. Quanto aos países envolvidos

Por influência da Convenção de Varsóvia, que procurou conceituar o transporte internacional, para diferenciá-lo do nacional ou interno, o código aeronáutico de quase todos os países estabeleceram nítida discriminação do transporte em nacional e internacional. Foi o que fez o nosso Código Brasileiro de Aeronáutica:

> *Considera-se doméstico e é regido pelo presente Código todo transporte em que o ponto de partida, intermediários e destinos estejam situados em território nacional. O transporte não perderá esse caráter se, por motivo de força maior, a aeronave fizer escala em território estrangeiro, estando, porém, em território brasileiro os seus pontos de partida e destino.*

Em resumo, o transporte internacional é aquele em que no mínimo os pontos de pouso estejam situados em países diversos, ou que os pontos de partida e destino estejam num só país, mas que haja parada intermediária em outro. É necessário, todavia, que o pouso intermediário esteja na escala de voo; continua como doméstico o transporte em que os pontos de partida e destino estejam num só país, mas a aeronave é obrigada, aleatoriamente, a fazer pouso de emergência em outro país, assim como se houver pane no motor, tentativa de evitar tempestade e outros casos fortuitos.

Essa distinção é assaz importante, porquanto certas normas aplicam-se a um ou ao outro tipo de transporte. Dessa maneira, o CBA abrange apenas o transporte interno no Brasil; a Convenção de Varsóvia deixa claras as suas intenções no próprio nome: "Convenção para Unificação de Certas Regras Relativas ao Transporte Aéreo Internacional".

Contudo, a legislação não é radicalmente distinta. As decisões da Convenção de Varsóvia vêm sendo estendidas não só ao transporte aéreo interno como ainda a outros tipos de transporte. Sugestivo é o fato de quase todos os países terem seu código aeronáutico muito semelhantes, originados do tronco comum: Convenção de Varsóvia e Convenção de Chicago.

3.9. Quanto ao número dos meios de transporte

No presente aspecto, poderá ser modal, multimodal e intermodal. O modal nada tem de especial: é o realizado por um só meio de transporte. O transporte multimodal, porém, está em grande desenvolvimento, a ponto de ser até mesmo regulamentado pela Lei 9.611, de 19.2.1998, que dispõe sobre o transporte multimodal de cargas. Apesar de a Lei 9.611/98 falar apenas em transporte de cargas, por analogia esta lei estende sua aplicação aos demais tipos de transporte.

O transporte multimodal é aquele que, regido por um único contrato, utiliza duas ou mais modalidades de transporte, desde a origem até o destino, e é executado sob a responsabilidade única do Operador de Transporte Multimodal. Destarte, é possível que uma indústria de Corumbá queira enviar mercadorias para a cidade de Milão, na Itália: remete seus produtos por trem até Santos; de Santos eles vão de navio até Roma; em Roma são postos num caminhão que os transporta até Milão. Foram utilizados três meios de transporte, apesar de haver existido um só contrato celebrado entre a empresa transportadora e o destinatário da mercadoria.

3.10. Quanto à presença do Poder Público

Nesse aspecto, pode o transporte ser civil e militar. Essa distinção é reconhecida pelo Código Brasileiro de Aeronáutica, no art. 9º. Para nós, interessa apenas o transporte civil, pois o militar é regido pelo Direito Público.

3.11. Quanto à distância entre pontos

Considerado quanto à relativa distância entre os pontos de embarque e desembarque, o transporte pode ser de pequeno, médio e longo percurso. Esses tipos de transporte provocarão modificações nas cláusulas contratuais. O preço, por exemplo, é calculado na consideração da distância, bem como em algumas obrigações secundárias, tanto do transportador como do passageiro.

4. DO CONTRATO DE TRANSPORTE AERONÁUTICO

4.1. Legislação aeronáutica
4.2. Direito aeronáutico, aéreo e espacial
4.3. Domínio do espaço e dos ares
4.4. O meio de transporte: a aeronave
4.5. Normas de ordem pública
4.6. O bilhete de passagem
4.7. Órgão regulador do transporte aéreo
4.8. A transportadora aérea

4.1. Legislação aeronáutica

Podemos nos orgulhar de possuir legislação aeronáutica bem desenvolvida, constituída pelo Código Brasileiro de Aeronáutica, instituído pela Lei 7.565, de 19.12.1986, e pelo Decreto 20.704, que promulgou a convenção de Varsóvia de 1929, transformando-a em lei nacional. Várias normas ainda foram emitidas pelos órgãos reguladores do transporte aeronáutico, a princípio do DAC – Departamento de Aviação Civil, substituído pela Anac – Agência Nacional de Aviação Civil, criada pela Lei 11.182, de 27.9.2005.

Em sentido histórico, pode-se dizer que a legislação aeronáutica brasileira iniciou-se com a Lei 799, de 17.11.1901, com que o Governo Federal concedeu um prêmio de cem contos de réis a Santos Dumont pelas iniciativas deste, que lhe valeram o título de "pai da Aviação".

O Decreto 16.983/1925 aprovou o regulamento do ar, para os serviços de navegação aérea. Foi o nosso primeiro código do ar, trazendo diversas disposições que, quatro anos mais tarde, seriam, em parte, incluídas na Convenção de Varsóvia de 1929. Já fizemos referência a esse fato que não deve ser esquecido: nosso código do ar serviu de modelo para a elaboração da Convenção de Varsóvia de 1929, que até agora regula o transporte aéreo internacional.

Baseado nesse estatuto, surgiria o Código Brasileiro do Ar, pelo Decreto 483, de 8.6.1938, mais tarde reformulado pelo Decreto-lei 32, de 18.11.1966, e finalmente pela Lei 7.565, de 19.12.1986, dando-lhe o nome de Código Brasileiro de Aeronáutica.

Nossa lei básica, o CBA regulamenta os mais variados aspectos do transporte aeronáutico, estabelecendo disposições sobre as aeronaves, os tripulantes, a infraestrutura aeronáutica, e outros. O que nos interessa, entretanto, é o que toca ao contrato de transporte aeronáutico. Diversos capítulos do CBA não disciplinam diretamente o contrato de transporte e por isso não nos ocuparemos deles. Outros terão comentários quando da análise de certos aspectos do contrato. Os aspectos que nos interessam neste momento são os que se relacionam diretamente com o contrato de transporte, com profundo teor no estabelecimento das cláusulas contratuais e pronunciamentos jurisprudenciais.

4.2. Direito aeronáutico, aéreo e espacial

Merecem referência especial os dois artigos do Título I – Introdução: constituem, no dizer de alguns juristas especializados, um superdireito, fazendo remessa a outras leis e outros ramos do direito, quando não estabelecendo autênticos princípios, ao invés de regulamentar. Vamos citar alguns, partindo do art. 1º:

> *O Direito Aeronáutico é regulado pelos Tratados, Convenções e Atos Internacionais de que o Brasil seja parte, por este Código e pela legislação complementar. Os Tratados, Convenções e Atos Internacionais, celebrados por delegação do Poder Executivo e aprovados pelo Congresso Nacional, vigoram a partir da data prevista para esse efeito. Este Código se aplica a nacionais e estrangeiros, em todo o Território Nacional, assim como, no exterior, até onde for admitida a sua extraterritorialidade.*

Por Direito Aeronáutico deve-se entender nesta expressão o conjunto de regras que disciplinam a aviação empresarial, o transporte aéreo de pessoas ou coisas, que se processa por meio de um contrato de transporte, celebrado por uma empresa de aviação civil. O direito francês distingue o direito aéreo do direito aeronáutico; essa distinção parece ser a mais acertada, tanto que foi seguida pelo Brasil, como se vê no CBA (Lei 7.565/86).

DIREITO AERONÁUTICO
É a designação mais adequada para o assunto de que estamos nos ocupando. Nele se enquadra o transporte aéreo de passageiros, bagagem, coisas e mala postal. É o direito que regula a aviação civil (ou aviação empresarial), também chamada de "navegação aeronáutica". Trata-se, porém, de uma definição muito restritiva, parecendo melhor adotar-se a denominação dada pela Constituição e pelo Código. Nossa Constituição usa a expressão "Direito Aeronáutico", no art. 8º, inciso XVII:

Compete à União: legislar sobre direito civil, empresarial, penal, processual, eleitoral, agrário, marítimo, aeronáutico, espacial e do trabalho.

DIREITO AÉREO

A evolução ocorrida nos transportes e no direito dos transportes nos faz distinguir ramos distintos no direito dos eventos sobrevindos no espaço aéreo. Surgiu então o direito aéreo, um dos novos ramos do direito, cuidando da exploração de qualquer atividade desenvolvida no ar, como o uso das ondas hertzianas, a radiodifusão por meio dos satélites artificiais, as telecomunicações e pesquisas meteorológicas, o telefone sem fio e a Internet.

Sua importância no mundo moderno ressalta-se pelo progresso tecnológico, gerando problemas profundos, pela falta de regulamentação jurídica que acompanha *pari-passu* a evolução tecnológica.

DIREITO ESPACIAL

É um direito ainda a ser criado, cuja necessidade já se faz sentir após a disputa entre os EUA e a União Soviética na exploração do espaço aéreo ultra-atmosférico. Dentro em breve, outros países entrarão nessa disputa e cada um apresentará suas razões jurídicas para essa disputa.

Uma questão se ressalta no art. 1º do CBA, podendo gerar dúvidas ao falar em Tratados e Convenções. As duas expressões são consideradas sinônimos perfeitos, vale dizer: tratado e convenção têm o mesmo significado. Ato Internacional tem significado mais vasto: é um gênero, de que tratado ou convenção seja espécie.

Há diversos anos essa expressão estava sendo adotada por alguns juristas, segundo se extrai do livro de Eurico Paulo Valle, *Direito Aeronáutico Brasileiro*, editado em 1947, pela Editora Forense: "Sendo a aeronáutica (de *aerus*, do ar e náutico, arte de navegar pelo espaço), conclui-se que a expressão 'direito aeronáutico' define às completas o seu alvo, por isso que regula as relações jurídicas de navegação aérea".

A denominação "direito aéreo" é muito simples, muito genérica, porquanto disciplina um conjunto de todas as utilizações que o homem pode fazer do ar, como a telegrafia e a telefonia sem fio e a telemecânica.

Assim sendo, poder-se-ia, no máximo, considerar o direito aeronáutico – espécie – como um ramo do direito aéreo – gênero.

4.3. Domínio do espaço e dos ares

Consideremos agora o que diz o art. 11 do CBA:

O Brasil exerce completa e exclusiva soberania sobre o espaço aéreo acima de seu território e mar territorial.

Este artigo considera uma questão que dentro em breve provocará discussões, devido ao desenvolvimento do direito espacial, bem como do próprio direito das coisas, que vem modificando profundamente os critérios de propriedade e soberania. Pelos dizeres do art. 11, a soberania nacional é exercida no espaço que parte dos limites territoriais brasileiros, incluindo-se aqui as águas jurisdicionais e a plataforma continental, subindo aos céus, sem que se estabeleça um limite de altura.

Essa concepção advém do direito romano, em que o proprietário de um imóvel é também proprietário do que está abaixo dele e acima dele. É a propriedade plena. Aplica-se no caso um velho adágio latino: *qui dominus est soli dominus est coeli e inferiorum.* Em nossos dias, porém, é considerada a função social da propriedade, limitando os direitos do proprietário sobre ela. Pouco a pouco, vem sendo o proprietário limitado apenas à superfície de seu imóvel, perdendo direitos sobre o que está abaixo ou acima do chão.

Também o Poder Público vem sendo limitado no seu poder sobre os ares. O desenvolvimento tecnológico vem deitando por terra o controle exercido sobre o espaço. Diversos satélites artificiais gravitam em torno da Terra, sobrevoando vários países, sem serem molestados ou mesmo detectados; aviões supersônicos, voando a elevada altura, sobrevoam rapidamente certos países, sem tempo ou possibilidade de serem percebidos.

Não nos parece segura a manutenção do princípio em que se baseia o antigo direito, se continuarmos nessa marcha de desenvolvimento aeronáutico e espacial e do próprio conceito de propriedade e soberania.

4.4. O meio de transporte: a aeronave

Nosso código aeronáutico ocupa-se igualmente do meio de transporte utilizado nos ares, que é a aeronave ou avião. Nem é necessário definir o que seja um avião pois a visão empírica nos faz a imagem dele. Todavia, o CBA nos dá uma impressão jurídica desse meio de transporte no art. 106:

> *Considera-se aeronave todo aparelho manobrável em voo, que possa sustentar-se e circular no espaço aéreo, mediante reações aerodinâmicas, apto a transportar pessoas ou coisas.*

Sob o prisma do Direito das Coisas é um bem móvel, embora possa ser alvo de hipoteca. Deve ser registrada em órgão próprio, o Registro Aeronáutico Brasileiro, recebendo certificado de matrícula. Desde que matriculado nesse órgão, será de nacionalidade brasileira, pois a nacionalidade do avião é a de seu registro e deve ser estampada nele a bandeira de seu país.

As aeronaves podem ser civis ou militares, públicas ou privadas e os critérios legais distinguem umas das outras. As aeronaves militares são regidas pelo Direito Administrativo, razão pela qual não daremos muita atenção a elas, pois nosso fundamento é o Direito Empresarial. Analisaremos apenas as distinções de critérios entre essas diversas espécies de aviões.

Os aviões públicos e militares são considerados território do Estado de sua nacionalidade, onde quer que se encontrem. Por exemplo, se um contrato for assinado num desses aviões que se encontre na Espanha, será considerado como celebrado no território brasileiro. Também são considerados como território de sua nacionalidade os aviões privados que estiverem sobrevoando o alto-mar ou em território que não pertença a qualquer Estado ou ainda que esteja pousado nesses lugares.

É possível que uma aeronave privada seja militar ou pública, desde que ela esteja a serviço do Governo. Desse modo, um avião da TAM é alugado para o Governo brasileiro levar o presidente da República à Argentina. Estando na Argentina, esse avião será território brasileiro, por ser temporariamente aeronave pública, uma vez que está sendo utilizada pelo Estado brasileiro, a seu serviço. Quando ela for devolvida à TAM, volta a ser privada.

Vejamos agora a aeronave privada. É pertencente a uma empresa concessionária, logo, empresa privada, como os aviões da TAM e da Gol. Ainda que pertença a uma empresa pública, será aeronave privada. Apenas Brasil e EUA adotam o privatismo para o transporte aéreo, já que, no mundo todo, a aviação é monopólio estatal. Destarte, Alitalia, Air France, Lufthansa, Ibéria, TAP e outras são empresas estatais. Todavia, como operam nos moldes de uma empresa mercantil, exercendo atividades empresariais, são consideradas empresas privadas, como também seus aviões.

Para as aeronaves privadas, o critério é diferente, adotando-se três considerações, de acordo com a localização:

A – A aeronave privada brasileira será considerada território brasileiro se estiver pousada ou sobrevoando o Brasil e seu mar territorial, sua plataforma continental, bem como o alto-mar, ou um lugar que não pertença a qualquer Estado.

B – Se a aeronave privada brasileira estiver sobrevoando um Estado estrangeiro ou se nele estiver pousada, será considerada como em território daquele Estado.

C – São considerados como praticados no Brasil os atos originados de "aeronave estrangeira", que produzirem ou vierem a produzir efeitos no Brasil, ou quaisquer danos no território nacional, ainda que iniciados no território estrangeiro.

4.5. Normas de ordem pública

Em várias passagens, o CBA e a Convenção de Varsóvia ressaltam as normas de ordem pública predominantes no Direito Aeronáutico. Isso é o que falaremos sobre a responsabilidade civil do transportador, mas é conveniente, desde já, levantarmos a predominância do interesse público sobre o privado. É a moderna aplicação do secular brocardo romano: *privatorum pactis jus publicum derrogare non potest* = acordo entre partes não pode derrogar direito de ordem pública.

O art. 10 do CBA procurou preservar três normas, tornadas intocáveis por parte dos interesses externos, e nosso Judiciário já declarou aplicáveis no direito interno o princípio da ordem pública. Diz o art. 10 que não terão eficácia no Brasil, em matéria de transporte aéreo, quaisquer disposições de direito estrangeiro, cláusulas constantes de contrato, bilhete de passagem, conhecimento e outros documentos que excluam a competência do foro do lugar de destino; que visem à exoneração de responsabilidade do transportador, quando o CBA não a admite; que estabeleçam limites de responsabilidade inferiores aos estabelecidos no CBA.

Eis aqui um princípio a que as cláusulas contratuais deverão obedecer. Princípio, aliás, que tem provocado discussões entre os internacionalistas, pois diversos deles duvidam que possa haver "ordem pública internacional", conforme os próprios eventos internacionais fazem duvidar.

A inteligência desse princípio, entretanto, parece fazê-lo referir à ordem pública interna aplicada no plano internacional. Não é possível, por exemplo, um contrato de trabalho em que as partes reduzam o período de férias dos empregados para 15 dias. Uma convenção entre as partes não tem o poder de afrontar um princípio de ordem pública. Da mesma forma, não se pode concordar que, em contrato de transporte, em que a responsabilidade do transportador é regulada pelo CBA, muito semelhante ao de outros países, por se basearem na Convenção de Varsóvia, as partes a reduzam ou a eliminem.

Quanto à última citação, de que não se pode prescrever outro foro que não o do lugar do destino, está superada pela evolução do direito processual e pelas práticas do direito internacional privado. A escolha do foro está muito dificultada no direito externo e quase eliminada no direito interno.

O foro competente em matéria de transporte aéreo já está definido pelo direito processual brasileiro e pela jurisprudência, de acordo com o que foi exposto no exame feito no presente compêndio, sob o título de competência.

4.6. O bilhete de passagem

Regulamentado pelos arts. 227 a 233 do Código Brasileiro de Aeronáutica, o bilhete de bagagem individual ou coletivo, no transporte de pessoas, é de emissão obrigatória pelo transportador. Esse bilhete deve indicar o lugar e a data da emissão, os pontos de partida e destino, assim como o nome dos transportadores. O bilhete de passagem não é contrato, mas um documento comprobatório do contrato de transporte de pessoas. Esse contrato é consensual e não real, razão por que não se pode supor tradição de uma coisa.

A passagem habilita o passageiro a utilizar o voo, nas condições estabelecidas contratualmente e nos termos das leis vigentes. Terá a validade de um ano a partir da data da emissão. Se o transportador cancelar a viagem, terá a obrigação de reembolsar o valor já pago pelo passageiro.

Em caso de atraso da partida por mais de quatro horas, o transportador providenciará o embarque do passageiro em voo que ofereça serviço equivalente para o mesmo destino, se houver, ou restituirá, de imediato, se o passageiro o preferir, o valor do bilhete de passagem. Quando o transporte sofrer interrupção ou atraso em aeroporto por período superior a quatro horas, qualquer que seja o motivo, o passageiro poderá optar pelo endosso do bilhete de passagem ou pela imediata devolução do preço. Todas as despesas decorrentes da interrupção ou atraso da viagem, inclusive transporte de qualquer espécie, alimentação e hospedagem, correrão por conta do transportador contratual, sem prejuízo da responsabilidade civil.

No bilhete de passagem constam normalmente as obrigações do passageiro, que deve sujeitar-se às normas legais constantes do bilhete ou afixadas à vista dos usuários, abstendo-se de ato que cause incômodo ou prejuízo aos passageiros, danifique a aeronave, impeça ou dificulte a execução normal do serviço.

Embora o art. 227 do CBA seja mais restrito do que a Convenção de Varsóvia, quanto aos requisitos do bilhete, na prática a passagem obedece a todas as exigências dela, por se basearem em modelo elaborado pela Iata.

Sendo o contrato de transporte consensual, embora a emissão do bilhete pelo transportador seja obrigatória, e sendo ele documento comprobatório, não invalida o contrato a ocorrência de irregularidade ou ausência do bilhete, se houver outros meios de prova do contrato. Não obstante, permanece porém a obrigação para o transportador em expedilo e, para o, passageiro em apresentá-lo quando for solicitado. Presume-se assim que não é o único documento comprobatório do contrato, que poderá comprovar-se de diversas formas. Esse critério tem profundo efeito na interpretação da natureza jurídica da passagem e a caracteriza como documento comprobatório.

Dentro desses critérios, não se pode conceituá-la como <u>título de crédito impróprio</u>, como faz o direito italiano. Essa figura por eles adotada representa um título de crédito ao qual faltam algumas características que são inerentes a todo título de crédito, ou que, às vezes, assumem-lhe posição idêntica. Vivante estabeleceu um conceito de título de crédito que se universalizou: "É o documento necessário para o exercício do direito literal e autônomo nele contido".

Nos termos das regras que a regulamentam, a passagem não se enquadra como título de crédito, pois afronta o próprio conceito; o CBA estabelece que sua ausência ou irregularidade nele não afeta o exercício do direito nele contido. Entretanto, dentro do conceito adotado por José Maria Whitaker para o título de crédito – "É o documento capaz de realizar imediatamente o valor que representa" – enquadra-se de forma mais adequada, uma vez que a passagem é um documento; é um título que pode ser transformado em dinheiro imediatamente pelo valor que nele está inscrito.

O primeiro aspecto da ausência da passagem é o que nos faz presumir duas situações: ou a passagem não foi emitida ou extraviou-se. Se a passagem não foi emitida pelo transportador, assiste ao passageiro o direito de reclamá-la. Deixou então de observar uma exigência legal, e a sanção já está prevista na Convenção: o transportador não poderá apegar-se a certas garantias estabelecidas em seu favor. Embora o CBA não o declare, está previsto em seu art. 1º que o Direito Aeronáutico é regido não só pelo CBA, mas pelas convenções e tratados que o Brasil tenha ratificado.

Se ausência do bilhete se deve ao passageiro, cabe-lhe solicitar ao transportador a emissão de uma segunda via ou qualquer outro documento que comprove o contrato. A este respeito, é conveniente citar que alguma via da passagem permanece em poder do transportador.

Outra possibilidade é a de conter a passagem alguma irregularidade. Se for falsa, não há contrato e, portanto, não poderá produzir efeitos contratuais. Se houver irregularidade quanto às minúcias, provocará discussão quanto a elas e não quanto à validade do contrato. Se a irregularidade surgiu por culpa do transportador, aplica-se-lhe a sanção referente à ausência de emissão da passagem: não poderá invocar as vantagens que lhe são previstas pela Convenção de Varsóvia. Se a passagem, por sua vez, estiver em desacordo com o contrato, prevalecem as cláusulas deste e não da passagem.

No tocante ao passageiro, as "Condições Gerais da Iata" estabelecem que ele deva exibir a passagem sempre que solicitado. Se esta estiver rasurada ou contiver qualquer irregularidade por culpa do passageiro, o transportador poderá cumprir os termos do contrato só após ter sido esta sanada.

A passagem traz inserida a obrigação do transportador em envidar esforços para o adimplemento do contrato, procurando, todavia, salvaguardá-lo, nos casos de força maior, como se vê na cláusula nove das "Condições do Contrato": "Este transporte está sujeito às regras e limitações de responsabilidade estabelecidas pela Convenção de Varsóvia". Essa condição aplica-se ainda ao transporte nacional, mas as limitações de responsabilidade subordinam-se ao CBA.

4.7. Órgão regulador do transporte aéreo

Os anos de 2006 e 2007 foram trágicos para o transporte aéreo brasileiro. Uma série de acontecimentos desastrosos causou não poucos sofrimentos ao Brasil em muitos sentidos, mas o que se notou em primeiro lugar, foi a mudança do órgão regulador da aviação civil. Esta sempre foi administrada e controlada pelo Ministério da Aeronáutica, por meio de um órgão próprio: o DAC – Departamento de Aviação Civil. Sem assumir partidarismo ou querer analisar problemas de administração pública, presume-se que a aviação seja um problema técnico especializado e, por essa razão, o DAC era dirigido pelo pessoal do Ministério da Aeronáutica, cuja vida se concentrava completamente nessa área.

Em 2005, pela Lei 11.182, criou-se a Anac – Agência Nacional de Aviação Civil, desvinculada do Ministério da Aeronáutica e vinculada ao Ministério da Defesa. Não se vê lógica na subordinação da navegação aérea ao Ministério da Defesa, por não se tratar de problema de segurança nacional. Os militares da aeronáutica foram afastados da área e a Anac foi entregue aos partidos políticos, assumindo a direção do órgão dois antigos líderes sindicais, sem nenhuma ligação anterior com a aviação. Amplo noticiário jornalístico notificou a ação dos dirigentes da Anac contra a Varig, empresa pré-falimentar, a fim de liquidá-la e dividi-la entre outras concorrentes. O novo órgão rebelou-se contra o juiz da vara em que corria o processo de recuperação judicial da Varig.

As empresas tiveram que assumir as operações suspensas da antiga empresa, sem estarem preparadas para essas atividades. O resultado foi o caos nos aeroportos, com voos cancelados, atrasos permanentes, passageiros dormindo no chão dos aeroportos e outras cenas dolorosas. Um trágico acidente vitimou uma das empresas, que teve um avião caído na selva amazônica, de forma infantil. A outra proporcionou o mais trágico acidente da aviação, chocando-se com um edifício e causando a morte de todos os passageiros e pessoas que estavam no edifício.

No auge da crise aeronáutica, houve a greve dos operadores de voo, provocando pane na movimentação e nas operações de voo. A imprensa escrita e falada denunciava, de forma bombástica, os desacertos do novo órgão. Pouco a pouco, porém, a situação foi se normalizando, tendo entrado no ano de 2008 já regularizada.

A Anac é a continuação do antigo DAC e lhe compete planejar, controlar e supervisionar as atividades relacionadas com a aviação civil. Trata-se de uma autarquia, condição que lhe dá independência administrativa, receitas e patrimônio próprios para o exercício de suas atividades. Tem personalidade jurídica própria, o que lhe dá mais poder.   Muitas são as suas atribuições e competências. É ela que outorga, em nome do Governo Federal, a concessão para prestação de serviços de transporte aéreo às empresas de navegação aérea, regulando e controlando essas concessões. Dá permissão e autorização para voos extras e aprova as tarifas. Exerce a supervisão sobre os aeroportos.

4.9. A transportadora aérea

De acordo com o art. 180 do CBA, a exploração de serviços aéreos públicos dependerá sempre de prévia concessão, quando se tratar de transporte aéreo regular, ou de autorização no caso de transporte aéreo não regular ou serviços especializados. A transportadora a quem estamos dedicando este estudo é o primeiro deles, ou seja, a exploradora de serviços aéreos públicos. É mais precisamente uma empresa de navegação aérea.

Pelo que diz o art. 181 do CBA, só poderá ser uma pessoa jurídica, revestindo-se de qualquer forma societária, mas fica claro que a preferência é por S/A. Desse tipo de sociedade são as duas maiores empresas de navegação aérea a TAM e a Gol. Eram também S/A a Varig e a Vasp, atualmente fora das atividades. Uma nova empresa, a Ocean Air é também S/A.

A empresa concessionária deverá ter sede no Brasil e ser brasileira, vale dizer, não é permitido a empresas estrangeiras a exploração desse serviço. Seu capital deverá pertencer a brasileiros, no mínimo quatro quintos, ou seja, 80%. O capital estrangeiro fica limitado a 20%. Se for S/A, as ações com direito a voto deverão ser nominativas. Os atos constitutivos deverão ser aprovados pela autoridade aeronáutica, para serem apresentados ao registro na Junta Comercial.

5. A CONVENÇÃO DE VARSÓVIA SOBRE O TRANSPORTE AÉREO

5.1. A Convenção de Varsóvia
5.2. A legislação aplicável
5.3. Âmbito de aplicação
5.4. Responsabilidade do transportador aéreo internacional
   5.4.1. Normas específicas da Convenção
   5.4.2. Morte ou lesão corporal do passageiro
   5.4.3. Dano à bagagem do passageiro
   5.4.4. Danos à carga
   5.4.5. Atraso na entrega da carga
5.5. Transporte sucessivo
5.6. Transporte combinado
5.7. Bilhete de passagem e nota de bagagem
5.8. Recurso à arbitragem
5.9. Recurso à solução judicial
5.10. Exoneração da responsabilidade

5.1. A Convenção de Varsóvia

Desde que a aviação empresarial passou a ser exercida, sentiu-se a necessidade de um acordo entre as empresas de navegação aérea, que dela se ocupassem. A tendência para a universalização dos problemas aéreos fez com que houvesse entendimento entre os países, a fim de que muitas barreiras pudessem ser transpostas e problemas pudessem ser resolvidos.

Importante iniciativa foi tomada pelo governo francês de que resultou uma convenção em Paris, em 1929. Estipulou-se nessa reunião elaborar um estatuto aéreo a ser submetido à aprovação de países participantes, estabelecendo regras estáveis para regular a aviação empresarial e unificar, ao máximo, as normas adotadas em cada país.

Foi então realizada em 1929, em Varsóvia, capital da Polônia, reunião que estabeleceu o estatuto básico da navegação aérea internacional; esta última expressão tem o significado de "aviação civil", "aviação empresarial", "navegação aérea" e outras semelhantes. Refere-se à exploração das atividades de transporte aéreo, em regime empresarial, exercida por empresas especializadas nesse tipo de transporte. A Convenção de Varsóvia recebeu o nome de Convenção para Unificação de Certas Regras Relativas ao Transporte Aéreo Internacional.

A Convenção de Varsóvia tem 80 anos e é natural que venha sofrendo atualizações por meio de outras convenções reformadoras e protocolos. Importante foi a Convenção de Haia de 1955, que se transformou em lei brasileira ao ser aprovada pelo Decreto-lei 31/63 e promulgada pelo Decreto 56.463, de 15.6.65. Ficou sendo chamada de "Convenção de Varsóvia Emendada em Haia em 1955", ou de "texto refundido da Convenção de Varsóvia". Em 1999, a Convenção de Varsóvia sofreu nova reformulação graças à Convenção de Montreal, que se transformou em lei brasileira ao ser aprovada pelo Decreto Legislativo 59/2006 e promulgada pelo Decreto 5.910/2006. É esta a versão atualmente em vigor. Podemos chamá-la de Convensão de Varsóvia ou Convenção de Montreal, ou ainda Convenção de Varsóvia modificada pela Convenção de Montreal.

5.2. A legislação aplicável

Nos últimos anos, grande parte das convenções sobre o transporte aéreo tem sido realizada em Montreal, no Canadá, pela razão de estarem sediados nessa cidade os dois principais órgãos controladores do transporte aéreo: o Icao – *International Civil Aviation Organization* e a Iata – *International Air Traffic Association*. Já falamos várias vezes neles, mas como estamos falando na Convenção de Montreal, promovida por esses órgãos, será conveniente relembrá-los. A Iata é a associação formada pelas empresas de aviação civil de todo o mundo. Trata-se de uma ONG, ou seja, organização não governamental, de direito privado. O Icao é formado pelos países a que pertencem as empresas associadas à Iata. Ambas estão situadas no mesmo prédio em Montreal e trabalham em comum conexão.

A Convenção de Montreal reconheceu a necessidade de refundir e modernizar a Convenção de Varsóvia e os instrumentos conexos, bem como a importância de assegurar a proteção dos interesses dos usuários do transporte aéreo internacional e a necessidade de uma indenização equitativa, fundada no princípio da restituição. Reafirmou a conveniência de um desenvolvimento ordenado das operações de transporte aéreo internacional e da circulação fluida de passageiros, bagagem e carga, conforme os princípios e objetivos da Convenção da Aviação Civil, feita em Chicago em 1944. Os Estados ficaram convencidos de que a ação coletiva deles para a maior uniformização e codificação de certas regras que regulam o transporte aéreo internacional, mediante nova convenção, é o meio mais apropriado para lograr um equitativo equilíbrio de interesses.

Algumas pequenas modificações foram introduzidas pelos protocolos de Montreal, com emendas, mantendo a Convenção de Montreal sempre moderna. Houve, entretanto, diversas convenções que complementaram o direito dos transportes aéreos internacionais, paralelamente com a Convenção de Montreal. Citaremos as principais:

1. Convenção de Chicago sobre Aviação Civil Internacional – 1944 – promulgada no Brasil pelo Decreto 21.713/46. É a mais importante na regulamentação do transporte aéreo internacional. Essa convenção criou o Icao.

2. Convenção de Roma Relativa aos Danos Causados a Terceiros na Superfície por Aeronaves Estrangeiras.

3. Convenção de Tóquio sobre Infrações e Certos Atos Praticados a Bordo de Aeronaves – Promulgada no Brasil pelo Decreto 66.520/70.

4. Convenção para Repressão aos Atos Ilícitos contra a Segurança da Aviação Civil. Montreal – 1971 – Promulgada no Brasil pelo Decreto 72.383/75.

5. Convenção para Repressão ao Apoderamento Ilícito de Aeronaves – Havana – 1970 – Promulgada pelo Decreto 70.201/72.

5.3. Âmbito de aplicação

A Convenção de Montreal se aplica a todo transporte aéreo internacional (passageiros, bagagem ou carga), efetuado em aeronaves, mediante remuneração. Aplica-se igualmente ao transporte gratuito efetuado por aeronaves, por uma empresa de transporte aéreo. Se ela fala em serviço mediante remuneração quer dizer que é um serviço profissional de caráter empresarial e a Convenção diz ser realizado por meio de empresa de transporte aéreo. Quanto ao transporte gratuito, há variantes diversas e sobre ela já tínhamos feito referências neste compêndio. O passageiro que viaja gratuitamente não celebra contrato de transporte e, portanto, não tem direitos contratuais. Excetua-se no caso de esse passageiro trazer alguma vantagem à empresa de transportes aéreos, como por exemplo um artista famoso, cuja presença no avião representa propaganda para a transportadora.

Ao dizer que a Convenção aplica-se aos transportes efetuados pelo Estado, alarga bastante essa aplicação; na verdade, aplica-se também aos transportes do Estado e não apenas a ele, como parece sugerir sua redação. Aplica-se às empresas de aviação civil, que podem ser enquadradas como do Estado, pois a quase totalidade delas pertence ao Estado; dizemos quase todas, porquanto Brasil e EUA são dois países em que as empresas aéreas pertencem à iniciativa privada. As empresas públicas, embora estatais, prestam serviços remunerados pelos usuários, como se fossem empresas privadas.

Aplica-se a Convenção também às empresas privadas, pois estas prestam serviços a um público indiscriminado, mediante concessão do Poder Público. Abrange assim a totalidade das empresas aéreas atualmente conhecidas, inclusive algumas do Estado não referidas pela Convenção, vale dizer, os serviços não empresariais. É o caso do transporte militar, do correio aéreo, do sanitário, dos de fumigação e dos demais transportes não empresariais.

5.4. Responsabilidade do transportador aéreo internacional

5.4.1. Normas específicas da Convenção

Este foi o ponto nevrálgico da Convenção de Montreal, que dele tratou no Capítulo III, denominado "Responsabilidade do Transportador e Medida de Indenização do Dano". Os demais países seguiram a mesma esteira, tendo o Código Brasileiro de Aeronáutica trazido à nossa regulamentação essas disposições.

Embora a Convenção tenha adotado decisões referentes ao contrato de transporte aéreo internacional, estas se projetaram sobre a legislação interna dos países participantes da Convenção. Assim sendo, o Código Brasileiro de Aeronáutica tem sua aplicação principalmente no transporte interno, mas se aplica aos contratos de transporte externo estabelecidos no Brasil.

Adotou-se em nosso país uma legislação específica sobre danos causados em acidentes aéreos. A princípio, muitos propugnaram pela adoção das normas do Direito Marítimo, tendo-se em vista a analogia entre o Direito Aeronáutico e o Direito Marítimo. O enorme desenvolvimento da aviação fez surgir, todavia, um direito próprio, que submeteu a navegação aérea às suas regras.

A responsabilidade do transportador aéreo decorre, a exemplo dos demais contratos, do inadimplemento ou cumprimento anormal das cláusulas contratuais, de que advenham prejuízo para a parte inocente.

5.4.2. Morte ou lesão corporal do passageiro

A empresa transportadora é responsável pelo dano causado em caso de morte ou de lesão corporal do passageiro, desde que o acidente que ocasionou a morte ou a lesão haja ocorrido a bordo da aeronave ou durante quaisquer operações de embarque ou desembarque. A indenização nesses casos, será de 100.000 DES (Direitos Especiais de Saque). A transportadora não será responsável pelos danos na medida que exceda 100.000 DES por passageiro se provar que o dano se deveu unicamente a negligência ou outra ação ou omissão indevida de terceiros. Deve provar também que o dano não se deveu a negligência ou outra ação, ou por omissão da empresa ou de seus prepostos.Por outro lado, não poderá excluir nem limitar sua responsabilidade com relação aos danos que estejam abaixo dos 100.000 DES.

Abrindo um hiato nas nossas considerações, devemos falar sobre o índice adotado para o cálculo da indenização, ou seja, o DES (Special Drawing Rights) ou Direitos Especiais de Saque. Trata-se de moeda escritural, criada e adotada pelo FMI – Fundo Monetário Internacional -, substituindo o padrão dólar-ouro. Começou essa moeda a ter presença nas operações econômicas internacionais; no campo dos transportes aéreos, o DES foi introduzido pela Convenção de Montreal, que atualizou a Convenção de Varsóvia (esta adotava o índice franco-ouro). Em 1999, por ocasião da Convenção de Montreal, o DES estava cotado em US$ 1,30. Assim sendo, o limite da indenização por morte seria de US$ 130.000, ou, em nosso moeda

R$ 260.000,00, considerando-se o dólar em R$ 2,00. No Brasil, o DES foi legalmente introduzido no transporte multimodal, pelo Decreto 3.411/2000, que regulamentou a Lei 9.611/98.

No caso de acidentes de aviação que resultem na morte ou em lesões dos passageiros, a transportadora fará, se assim exigir sua lei nacional, pagamentos adiantados sem demora, à pessoa ou pessoas físicas que tenham direito a reclamar indenização, a fim de satisfazer suas necessidades econômicas imediatas. Tais pagamentos adiantados não constituirão reconhecimento de responsabilidade e poderão ser deduzidos de toda quantia paga posteriormente pelo transportador, como indenização. É o caso do pagamento antecipado ou pagamento adiantado.

5.4.3. Dano à bagagem do passageiro

A transportadora é também responsável por dano causado em caso de destruição, perda ou avaria da bagagem registrada, no caso em que a destruição, perda ou avaria haja ocorrido a bordo da aeronave ou durante qualquer período em que a bagagem registrada se encontrava sob a custódia da transportadora. Não obstante, a transportadora não será responsável na medida em que o dano se deva à natureza, a um defeito ou a um vício próprio da bagagem. No caso da bagagem não registrada, incluindo os objetos pessoais, a transportadora é responsável se o dano se deve à sua culpa ou à de seus prepostos.

Se a transportadora admite a perda da bagagem registrada, ou caso a bagagem registrada não tenha chegado, o passageiro poderá fazer valer contra a transportadora os direitos decorrentes do contrato de transporte. O termo "bagagem" significa tanto a bagagem registrada como a bagagem não registrada.

A responsabilidade da transportadora em caso de destruição, perda ou avaria ou atraso se limita a 1.000 DES por quilo, a menos que o passageiro haja feito à transportadora, ao entregar-lhe a bagagem registrada, uma declaração especial de valor da entrega desta no lugar de destino, e que tenha pagado uma quantia suplementar, se for cabível. Neste caso, a transportadora estará obrigada a pagar uma soma que não excederá o valor declarado, a menos que prove que este valor é superior ao valor real da entrega no lugar do destino.

O recebimento da bagagem registrada ou da carga, sem protesto por parte do destinatário, constituirá presunção, salvo prova em contrário, de que os mesmos foram entregues em bom estado e de acordo com o documento de transporte ou com os registros conservados por outros meios.

Em caso de avaria, o destinatário deverá apresentar ao transportador um protesto, imediatamente após haver sido notada tal avaria. Esse protesto deve ser apresentado, o mais tardar, dentro do prazo de 7 dias para a bagagem registrada e de 14 dias para a carga, a partir da data de seu recebimento. Em caso de atraso, o protesto deverá ser feito o mais tardar dentro de 20 dias a contar do dia em que a bagagem ou a carga haja sido posta à sua disposição.

Todo protesto deverá ser feito por escrito e apresentado ou expedido dentro dos prazos mencionados. Não havendo protesto dentro dos prazos estabelecidos, não serão admitidas ações contra a transportadora, salvo no caso de fraude por parte deste.

5.4.4. Danos à Carga

A transportadora é responsável pelo dano da destruição, perda ou avaria da carga, sob a única condição de que o fato que causou o dano haja ocorrido durante o transporte aéreo. Apesar disso, a empresa transportadora não será responsável na medida em que prove que a destruição ou perda ou avaria se deve a um ou mais fatos que escapem de seu controle. Poderá ser a natureza da carga, ou um defeito ou um vício próprio da mercadoria, ou então a embalagem defeituosa da carga, realizada por uma pessoa que não seja a transportadora ou algum de seus prepostos. Pode ter sido um ato de guerra ou conflito armado, como foi o caso de conflito entre EUA e Irã, quando muitos navios com mercadorias não puderam entregar sua carga, o que fez com que muitas cargas se deteriorassem. Poderá ainda ser ato de autoridade pública executado em relação com a entrada, a saída ou o trânsito da carga.

O transporte aéreo compreende o período durante o qual a carga se acha sob a custódia da transportadora. Esse período não compreende qualquer transporte terrestre, marítimo ou por águas interiores, efetuado fora de um aeroporto. Já fizéramos referência a essa exclusão no exame do transporte combinado, ou seja, transporte que faz uso de outros meios de transporte, além do aéreo.

Todavia, quando esse transporte se efetue durante a execução de um contrato de transporte aéreo, para o carregamento, a entrega ou o trasbordo, todo dano se presumirá, salvo prova em contrário, como resultante de um fato ocorrido durante o transporte aéreo.

Quando a transportadora, sem o consentimento do expedidor, substitui total ou parcialmente o transporte previsto no acordo entre as duas partes, como transporte aéreo por outra modalidade de transporte, o transporte efetuado por outro modo se considerará compreendido no período de transporte aéreo.

No transporte de carga, a responsabilidade da transportadora em caso de destruição, perda ou avaria ou atraso se limita à quantia de 170 DES por quilo, a menos que o expedidor haja feito à transportadora, ao entregar-lhe o volume, uma declaração especial de valor de sua entrega no lugar do destino, e tenha pagado uma quantia que não excederá o valor declarado, a menos que prove que este valor é superior ao valor real da entrega no lugar do destino.

Em caso de destruição, perda, avaria ou atraso de uma parte da carga ou de qualquer objeto que ela contenha, para determinar a quantia que constitui o limite de responsabilidade da transportadora, somente se levará em conta o peso total do volume ou dos volumes afetados.

Não obstante, quando a destruição, perda, avaria ou atraso de uma parte da carga ou de um objeto que ela contenha afete o valor de outros volumes compreendidos no mesmo conhecimento aéreo, ou no mesmo recibo ou, se não houver sido expedido nenhum desses documentos, nos registros conservados por outros meios, para determinar o limite de responsabilidade também se levará em conta o peso total de tais volumes.

5.4.5. Atraso na entrega da carga

A transportadora é responsável pelo dano ocasionado por atrasos no transporte aéreo de passageiros, bagagem ou carga. Apesar disso, a transportadora não será responsável pelo dano causado por atraso se provar que ela e seus prepostos adotaram todas as medidas que eram razoavelmente necessárias para evitar o dano, ou que lhes foi impossível, a um e a outros, adotar tais medidas. Ressaltamos que essa responsabilidade aplica-se também no transporte de passageiro e sua bagagem.

5.5. Transporte sucessivo

No caso de transporte que haja de ser executado sucessivamente por várias transportadoras, cada uma delas, que aceite passageiro, bagagem ou carga, se submeterá às regras estabelecidas pela Convenção de Montreal e será considerada como uma das partes do contrato de transporte, na medida em que o contrato se refira à parte do transporte efetuado sob sua supervisão. O transporte sucessivo é o tipo de transporte em que há diversos transportadores, como por exemplo num voo São Paulo-Moscou, o avião sai de São Paulo a Paris pela TAM e lá muda de avião, indo de Paris a Moscou pela Aeroflot, a empresa russa.

No caso de um transporte dessa natureza, o passageiro, ou qualquer pessoa que tenha direito a uma indenização por ele, só poderá proceder contra a transportadora que haja efetuado o transporte durante o qual se produziu o acidente ou o atraso, a não ser no caso em que, por estipulação expressa, a primeira transportadora haja assumido a responsabilidade por toda a viagem.

Tratando-se de bagagem ou carga, o passageiro ou expedidor terá direito de ação contra a primeira transportadora, e o passageiro ou o destinatário que tenha direito à entrega poderá impetrar ação contra a última transportadora. O passageiro e o destinatário poderão, além disso, acionar a transportadora que haja efetuado o transporte durante o qual se produziu a destruição, perda ou avaria ou atraso. Essas transportadoras serão solidariamente responsáveis para com o passageiro, o expedidor ou o destinatário. Nenhuma das disposições da Convenção de Montreal afeta a existência ou não do direito de regresso da pessoa responsável pelo dano contra qualquer outra.

As disposições acima referidas parecem um tanto confusas, mas um exemplo poderá esclarecer melhor: um passageiro de Ribeirão Preto viaja de sua cidade em voo da Gol para São Paulo para ir a Veneza; em São Paulo, passa para um avião da TAP com destino a Lisboa; na capital portuguesa, faz baldeação em avião da Alitalia até Roma; em Roma pega, um voo interno da Ibis para Veneza. Houve portanto quatro transportadoras aéreas num só contrato, numa só passagem: Gol, TAP, Alitalia, Ibis.

Na viagem de Lisboa a Roma pela TAP, a bagagem sofre avaria. A quem o passageiro poderá pedir indenização?

– Deve responsabilizar a Gol, que foi a parte do contrato, a 1ª transportadora, e para ele será mais fácil acionar a Gol para sua comodidade, pois ele mora em Ribeirão Preto.

– Se ele mora em Roma, será mais fácil acionar a Alitalia em Roma, por ser esta a última transportadora.

– Poderá também acionar a TAP, por ter sido esta a responsável pela avaria. Assim sendo, haverá responsabilidade das três: Gol (1ª transportadora), TAP (a que permitiu a avaria), Alitalia (última transportadora).

5.6. Transporte combinado

Da mesma forma que o transporte sucessivo, o transporte combinado utiliza várias transportadoras, mas o combinado faz uso de vários tipos de transporte, além do aéreo, podendo ser aéreo, ferroviário, rodoviário e outros. Digamos que uma carga vai de avião pela Gol até Barcelona; lá é embarcada de navio até Damasco, na Síria; em Damasco é embarcada num trem até seu destino, que é a cidade de Homs.

As normas da Convenção de Montreal aplicam-se somente à viagem aérea, isto é, atinge apenas a Gol. O trajeto de Barcelona a Damasco está sujeita a convenções marítimas e daí até Homs a convenções ferroviárias. A Convenção de Montreal (ou Varsóvia) não impede, porém, que, no conhecimento de transporte, as transportadoras incluam no documento de transporte aéreo, passagem ou nota de bagagem, as condições relativas a outros meios de transporte, desde que suas disposições sejam respeitadas, no que concerne ao transporte aéreo.

5.7. Bilhete de passagem e nota de bagagem

Há vários documentos para caracterizar o contrato de transporte aéreo. O de passageiros é o *bilhete de passagem*; o de bagagem, a *nota de bagagem*, e de carga, o *conhecimento de transporte aéreo*, conhecido universalmente como *airway bill*. Tanto o conhecimento aéreo como o recibo de carga constituem presunção, salvo prova em contrário, da celebração do contrato, da aceitação da carga e das condições de transporte que contenham.

As declarações do conhecimento de transporte aéreo ou do recibo de carga relativas ao peso, dimensão e embalagem de carga, assim como ao número de volumes, constituem presunção, salvo prova em contrário, dos dados declarados. As indicações relativas à quantidade, volume e estado de carga não constituem prova contra a transportadora, salvo quando esta as haja comprovado na presença do expedidor e haja feito constar no conhecimento aéreo ou no recibo de carga, ou que se trate de indicações relativas ao estado aparente da carga.

BILHETE DE PASSAGEM

No transporte de passageiros será expedido um documento de transporte, individual ou coletivo, que contenha a indicação dos pontos de partida e de destino; e também se os pontos de partida e de destino estão situados no território de um só país e, caso haja sido prevista uma ou mais escalas no território de outro país, a indicação de pelo menos uma dessas escalas. Esse documento é chamado de *bilhete de passagem* ou simplesmente *passagem*.

NOTA DE BAGAGEM

A empresa de transporte entregará ao passageiro um talão de identificação de bagagem por cada volume de bagagem registrado. O passageiro receberá um aviso escrito, indicando que, quando seja aplicável a Convenção de Montreal, esta regulará a responsabilidade da empresa transportadora por morte ou lesões, por destruição, perda ou avaria de bagagem, e por atraso.

O descumprimento de todas essas disposições da Convenção, vale dizer, com referência à documentação a ser expedida pela transportadora, não afetará a existência nem a validade do contrato de transporte, o qual, apesar de tudo, ficará sujeito às regras da Convenção, incluindo as relativas aos limites de responsabilidade.

5.8. Recurso à arbitragem

Uma das mais louváveis inovações introduzidas pela Convenção de Montreal está consubstanciada no art. 34, recomendando que as partes envolvidas em controvérsias decorrentes de transporte aéreo internacional procurem resolver suas divergências por meio da arbitragem. Oxalá todas as convenções doravante celebradas incluam essa cláusula, como também as leis que forem surgindo. É o direito ingressando nos novos tempos, ressuscitando antiquíssimo instituto já sedimentado e estruturado, para ser aplicado na resolução pacífica, racional, coerente e moderna de controvérsias.

A arbitragem é um sistema de solução pacífica de controvérsias nacionais e internacionais, predominando na área internacional; é rápida e discreta, quer de direito público quer de privado. Consiste na criação de um julgador não pertencente à jurisdição oficial, escolhido pelas partes conflitantes, para dirimir divergência entre elas. É a escolha de um juiz não togado, ou de um tribunal não constituído por magistrados, mas de advogados avulsos ou pessoas consideradas de conhecer e decidir uma questão prestes a ser submetida à Justiça. Podemos dizer que seja uma justiça privada, destinada a fazer o que faria a justiça pública: solucionar lides entre duas ou mais pessoas.

Característica importante na arbitragem é a de que as partes poderão escolher não só os julgadores, os árbitros, mas também o direito aplicável, ou seja, os fundamentos jurídicos em que os árbitros irão fulcrar sua decisão. Apesar de a Convenção de Montreal dispor que suas normas devam ser observadas na arbitragem, as partes poderão, conforme o caso, invocar o direito de um determinado país. Vigora nessa jurisdição privada a autonomia da vontade: têm elas a liberdade de escolher não só os juízes que julgarão a demanda entre elas, mas também as bases jurídicas em que os juízes assentarão suas decisões. A própria arbitragem é uma opção: não é necessário que elas a adotem. Poderão as partes submeterem a solução de litígios à justiça comum ou à arbitragem, com livre opção.

Geralmente, a arbitragem se refere à interpretação de um contrato; seu objeto é marcantemente de natureza contratual. No presente caso, seu objeto é o contrato de transporte aéreo internacional de passageiros ou de cargas.

Importante vantagem da arbitragem é a celeridade do procedimento arbitral. Perante nossa lei, a Lei 9.307/96, se as partes não estabelecerem o prazo para a solução do problema, há o prazo máximo de seis meses, sob pena de responsabilidade do árbitro faltoso. As partes poderão, contudo, determinar o prazo, o que evitará delongas para casos que exijam rápida solução.

Outra vantagem é o sigilo. Um dos princípios básicos do processo judicial é o da publicidade; só em casos excepcionais pode um processo transcorrer em segredo, como são os feitos de família. Eis aí o ponto positivo da arbitragem: o procedimento arbitral só transcorre com a presença das partes e dos árbitros, num sistema bem reservado. Só se as partes concordarem, um estranho poderá presenciar o julgamento ou examinar os documentos. Podem ainda as partes determinar a destruição dos documentos, tão logo seja julgada a questão.

5.9. Recurso à solução judicial

Se as partes envolvidas num litígio causado por problemas de transporte aéreo internacional preferirem não recorrer à arbitragem, como recomenda a Convenção de Montreal, poderão recorrer à solução judicial nos tribunais de algum país a que o contrato de transporte estiver vinculado. A ação de indenização de danos deverá ser intentada, à escolha do autor, no território de um dos países, seja no tribunal do domicílio da empresa de transporte aéreo, da sede da matriz da empresa, ou onde possua estabelecimento por cujo intermédio se tenha realizado o contrato, seja perante o tribunal do lugar de destino.

Com relação ao dano resultante em morte ou lesões do passageiro, a ação poderá ser iniciada perante um dos tribunais mencionados acima. Poderá ainda ser no território em que o passageiro tenha sua residência principal e permanente no momento do acidente. Entende-se como residência principal e permanente o domicílio do passageiro, no momento do acidente. A nacionalidade do passageiro não será fator determinante a esse respeito.

Será preciso que nesse país a empresa transportadora explore serviços de transporte aéreo de passageiros em suas próprias aeronaves ou nas de outro transportador, e que a transportadora realize suas atividades de transporte aéreo de passageiros, desde locais arrendados ou que são de sua propriedade ou de outro transportador com o qual tenha um acordo comercial. Por "acordo comercial" entenda-se um acordo, que não seja um contrato de agência, feito entre empresa de transporte e relativo à previsão de seus serviços conjuntos de transporte aéreo de passageiros.

Em outras palavras, é preciso que haja um elemento de conexão entre a transportadora e o domicílio do autor. Assim, se houver um acidente com um passageiro residente em Viena, na linha aérea de São Paulo a Madri num voo da TAM, o passageiro não poderá querer processo contra a TAM em Viena, domicílio dele, pois a TAM não opera naquela cidade.

As normas processuais serão reguladas pela lei nacional do tribunal que conhecer da questão. Por exemplo, se o processo for movido no Brasil seguirá os ritos previstos em nosso Código Civil. Se for invocada a Convenção de Montreal, esta será aplicada, por ser lei brasileira, isto é, o Decreto 5.910/2006.

O direito à indenização se extinguirá se a ação não for iniciada dentro do prazo de dois anos, contados a partir da data de chegada ao destino, ou do dia em que a aeronave deveria haver chegado, ou da interrupção do transporte. A forma de computar esse prazo será determinada pela lei nacional do tribunal que conhecer da questão.

Em caso de falecimento da pessoa responsável, a ação de indenização relativa aos danos será exercida contra os representantes legais de sua sucessão, dentro dos limites estabelecidos pela Convenção de Montreal.

Se for iniciada uma ação contra um preposto do transportador, por danos a que se refere a Convenção, este preposto, se provar que atuava no exercício de suas funções, poderá amparar-se nas condições e nos limites de responsabilidade que podem ser invocados pela transportadora. Assim sendo, os limites da responsabilidade da empresa transportadora aplicam-se também aos prepostos dela, caso eles sejam pessoalmente responsabilizados judicialmente.

O montante total das indenizações ressarcíveis pela transportadora e por seus prepostos, neste caso, não excederá tais limites. Essas disposições não se aplicarão se for provado que o dano é resultado de uma ação ou omissão do preposto, cometida com a intenção de causar dano, ou temerariamente e com a consciência de que provavelmente causaria o dano.

No transporte de passageiros, de bagagem e de carga, toda ação de indenização de danos, seja com fundamento na Convenção de Montreal, seja em um contrato ou em um ato ilícito, seja em qualquer outra causa, somente poderá se iniciar sujeita a condições e limites de responsabilidade como os previstos na Convenção. Isto não afeta a questão de que pessoas podem iniciar as ações e quais são seus respectivos direitos. Em nenhuma das referidas ações se outorgará uma indenização punitiva, exemplar ou de qualquer natureza que não seja compensatória.

5.10. Exoneração da responsabilidade

Se o transportador provar que a pessoa que pede indenização ou a pessoa da qual se origina seu direito causou o dano ou contribuiu para ele por negligência, erro ou omissão, ficará isento, total ou parcialmente, de sua responsabilidade com respeito ao reclamante, na medida em que tal negligência, ou outra ação ou omissão indevida haja causado o dano ou contribuído para ele.

Quando uma pessoa que não seja o passageiro pedir indenização em razão da morte ou lesão deste último, a empresa transportadora ficará igualmente exonerada de sua responsabilidade, total ou parcialmente, se provar que a negligência ou outra ação ou omissão indevida do passageiro causou o dano ou contribuiu para ele. Esse critério se aplica a todos os casos em que haja responsabilidade da transportadora, como nos casos de bagagem ou carga.

Todavia, toda cláusula que tenda a exonerar a empresa transportadora de sua responsabilidade ou a fixar um limite inferior ao estabelecido na Convenção será nula e de nenhum efeito. Porém, a nulidade de tal cláusula não implica a nulidade do contrato, que permanecerá sujeito às normas da Convenção de Montreal. Essa tentativa de exoneração de responsabilidade também será nula quanto aos prepostos da transportadora, e demais casos semelhantes. Aliás, esse critério é adotado pelo direito brasileiro, como se vê na emenda do STF, de que em contrato de transporte é inoperante a cláusula de não indenizar.

6. DO CONHECIMENTO DE TRANSPORTE AÉREO

6.1. Efeitos e características desse documento
6.2. Responsabilidade pelos dados do conhecimento
6.3. Valor probatório dos documentos de transporte aéreo
6.4. Disposição da carga
6.5. Entrega da carga
6.6. Execução dos direitos
6.7. Relações entre as partes
6.8. Formalidades das autoridades públicas

6.1. Efeitos e características desse documento

No transporte de carga será exigido o conhecimento aéreo, que é chamado mundialmente de *airway bill*. Se não for emitido esse documento, o expedidor pode pedir o recibo de carga, que permita a identificação da remessa e o acesso à informação registrada por esses outros meios. Também poderá pedir qualquer outro que possa substituir o conhecimento, constando informações relativas ao transporte a ser executado.

O conhecimento de transporte aéreo ou o recibo de carga deverão incluir a indicação dos pontos de partida e destino; e se os pontos de partida e destino estão situados no território de um só país e, havendo uma ou mais escalas previstas no território de um país, a indicação de pelo menos uma dessas escalas; e ainda a indicação do peso da remessa.

Poderá ser exigido do expedidor que entregue um documento indicando a natureza da carga, se isso for necessário para o cumprimento das formalidades de aduana, polícia e outras autoridades públicas similares. Essa disposição não cria para a empresa transportadora qualquer dever, obrigação ou responsabilidade resultantes do anteriormente estabelecido.

O conhecimento de transporte aéreo será emitido pelo expedidor da carga em três vias originais:

– a primeira via conterá a indicação "para o transportador";

– a segunda via conterá a indicação "para o destinatário" e será assinada pelo expedidor e pela empresa de transporte aéreo;

– a terceira via será assinada pela transportadora e por esta entregue ao expedidor, após a aceitação da carga.

A assinatura da transportadora e do expedidor poderão ser impressas ou substituídas por um carimbo (geralmente é por chancela mecânica). Se, a pedido do expedidor, a transportadora emite o conhecimento, considera-se, salvo prova em contrário, que a transportadora agiu em nome do expedidor.

Às vezes, a carga é constituída de vários volumes. Em tais casos o transportador de carga emitirá, por solicitação do expedidor, a emissão de conhecimentos aéreos separados. Terá também o direito de solicitar ao transportador a entrega de recibos de carga separados, se não houver a emissão do conhecimento.

Se ocorrer a inobservância das disposições concernentes aos documentos, não será afetada a existência e a validade do contrato de transporte, que continuará regido pela Convenção de Montreal, inclusive no tocante aos limites de responsabilidade.

6.2. Responsabilidade pelos dados do conhecimento

O expedidor é responsável pela exatidão das indicações e declarações concernentes à carga feitas por ele ou em seu nome no conhecimento aéreo. Igualmente ocorre se as indicações e declarações forem feitas por ele em seu nome ao transportador, para inscrição no recibo de carga ou para inclusão dos registros conservados por outros meios. Essa disposição aplica-se também quando a pessoa que atua em nome do expedidor é também um preposto do transportador.

O expedidor indenizará o transportador por todo dano que este haja sofrido, ou qualquer outra pessoa em relação à qual o transportador seja responsável, em consequência das indicações e declarações irregulares, inexatas ou incompletas feitas por ele ou em seu nome.

Por outro lado, o transportador deverá indenizar o expedidor por todo dano que este haja sofrido, ou qualquer outra pessoa em relação à qual o expedidor seja responsável, em consequência das indicações e declarações irregulares, inexatas ou incompletas feitas pelo transportador ou em seu nome no recibo de carga ou nos registros conservados por outros meios.

6.3. Valor probatório dos documentos de transporte aéreo

No que tange ao valor probatório dos documentos, tanto o conhecimento aéreo como o recibo de carga constituem presunção, salvo prova em contrário, da celebração do contrato, da aceitação da carga e das condições de transporte que contenham.

As declarações do conhecimento aéreo ou do recibo de carga relativas a peso, dimensões e embalagem da carga, assim como ao número de volumes, constituem presunção, salvo prova em contrário, dos dados declarados. As indicações relativas a quantidade, volume e estado da carga não constituem prova contra o transportador, salvo quando este as haja comprovado na presença do expedidor e haja feito constar no conhecimento aéreo ou no recibo de carga, ou que se trate de indicações relativas ao estado aparente da carga.

6.4. Disposição da carga

O expedidor tem direito de dispor da carga, retirando-a no aeroporto de saída ou destino, ou detendo-a no curso da viagem em caso de aterrissagem, ou fazendo-a entregar no lugar de destino ou no curso da viagem a uma pessoa distinta do destinatário originalmente designado. Poderá ainda pedir que seja devolvida ao aeroporto de partida.

O expedidor não exercerá esse direito de disposição de forma que prejudique o transportador nem outros expedidores e deverá reembolsar todos os gastos ocasionados pelo exercício deste direito. Seu direito à disposição da carga está também sob a condição de cumprir todas as obrigações resultantes do contrato de transporte.

Caso seja impossível executar as instruções do expedidor, a transportadora deverá avisar-lhe imediatamente. Se a empresa transportadora cumprir as instruções do expedidor a respeito da disposição da carga, sem exigir a apresentação da via do conhecimento aéreo ou do recibo de carga entregue a este último, será responsável, sem prejuízo de seu direito de ressarcir-se do expedidor, do dano que possa ser causado por este fato a quem se encontre legalmente de posse desse exemplar do conhecimento aéreo ou do recibo de carga.

O direito do expedidor cessa no momento em que começa o do destinatário. Não obstante, se o destinatário se recusa a aceitar a carga ou se não é encontrado, o expedidor recobrará seu direito de disposição.

6.5. Entrega da carga

Salvo quando o expedidor haja exercido seu direito, o destinatário terá direito, desde a chegada da carga, mediante o pagamento da importância devida, desde que cumpridas as condições do transporte. A não ser que haja estipulação em contrário, a transportadora deve avisar ao destinatário da carga, tão logo esta chegue.

Se a transportadora admite a perda da carga, ou caso a carga não tenha chegado, o destinatário poderá fazer valer contra a empresa transportadora os direitos decorrentes do contrato de transporte.

6.6. Execução dos direitos

O expedidor e o destinatário poderão fazer valer, respectivamente, todos os direitos que lhes concede a Convenção, cada um em seu próprio nome, seja em seu próprio interesse, seja no interesse de um terceiro, desde que cumpram as obrigações impostas pelo contrato de transporte.

6.7. Relações entre as partes

Os direitos e deveres expressos nas questões relativas ao direito de disposição da carga, da entrega dela e na execução de direitos não afetam as relações do expedidor e do destinatário entre si. Também não afetam as relações entre terceiros cujos direitos proveem do expedidor ou do destinatário. Essas mesmas disposições só poderão modificar-se mediante cláusula explícita consignada no conhecimento aéreo ou no recibo de carga.

6.8. Formalidades das autoridades públicas

O expedidor deve proporcionar a informação e os documentos que sejam necessários para cumprir as formalidades aduaneiras, policiais e de qualquer outra autoridade pública, antes da entrega da carga ao destinatário. O expedidor é responsável perante a transportadora por todos os danos que possam resultar da falta, insuficiência ou irregularidade da referida informação ou dos documentos, salvo se os mesmos se devam à culpa do transportador ou de seus prepostos.

A empresa de transporte aéreo não está obrigada a examinar se tal informação ou os documentos são exatos e suficientes.

7. DO CONTRATO DE TRANSPORTE AÉREO DE BAGAGEM

7.1. Aspectos conceituais
7.2. Tipos de bagagem
7.3. Normas do transporte de bagagem
7.4. Transporte dentro do Brasil
7.5. Artigos sujeitos a restrições
7.6. Elementos do bilhete
7.7. Obrigações do transportador
7.8. Obrigações do passageiro
7.9. Casos de força maior

7.1. Aspectos conceituais

Quando se fala em contrato de transporte de pessoas, passa desapercebido, a princípio, outro contrato que lhe é intimamente ligado. Porém, o próprio conceito de contrato de transporte deveria já esclarecer de que é aquele que o transportador se obriga a remover o passageiro e sua bagagem, do ponto de partida a ponto de destino, entregando ambos incólumes. É a mesma obrigação, assumida no mesmo momento. Sob o ponto de vista prático, não existe um sem o outro; embora sejam paralelos e seja acessório do outro, são, na verdade, dois contratos e alguns aspectos devem ser analisados de maneira autônoma.

Podemos definir o contrato de transporte de bagagem como aquele em que o transportador se obriga, como consequência de anterior contrato de transporte de pessoas ou simultaneamente celebrado, a trasladar de um lugar para outro a bagagem do passageiro contratante, compreendendo os objetos registrados e os que ele leva à mão, assim como o excesso de pessoa que sobre a quantidade outorgada ao passageiro, figura como franquia convencionada.

Não se trata de um contrato de transporte de coisas, embora haja alguma intimidade e, em muitos casos, aplicam-se a ambos as mesmas normas. Temos, então, de considerar três tipos de contratos, semelhantes entre si, que muitas vezes se interligam ou haja relação de dependência:

- contrato de transporte de bagagem;
- contrato de transporte de pessoas;
- contrato de transporte de coisas.

Alguns juristas não estabelecem essa distinção, interpretando o contrato como sendo de transporte de coisas, sendo aleatório o fato de que o proprietário da bagagem seja também o passageiro. Para outros, é apenas o direito do passageiro, decorrente do contrato de transporte de pessoas que ele celebrou com o transportador; é uma obrigação decorrente desse contrato, não havendo portanto contrato de bagagem.

Para os analistas mais profundos, todavia, trata-se de um contrato distinto. Há um acordo de vontades: o passageiro não está obrigado a levar bagagem e o transportador, em certos casos, pode recusá-la. Nasce uma nova relação jurídica, e em consequência, uma série de obrigações para ambas as partes. As próprias leis internacionais prevêm diversas responsabilidades do transportador; além da responsabilidade pela integridade do passageiro, a responsabilidade pela integridade da bagagem.

7.2. Tipos de bagagem

A bagagem assume posições diferentes conforme o caso: existe a bagagem manual, aquela que o passageiro leva em seu bolso ou numa valise ou bolsa, que permanece em seu poder, podendo ser considerada como bagagem até mesmo a roupa que o passageiro está vestindo. Não há nota nem bilhete.

A mais importante é a bagagem registrada que o passageiro entrega a cargo do transportador, tendo limites de peso e tamanho. É emitida uma nota, bilhete ou senha com os dados da bagagem; por esta razão o transportador responde por ela dentro das condições estabelecidas legalmente.

A bagagem em excesso é condicionada a novas condições jurídicas. Implica primeiramente no direito do transportador cobrar o preço do que exceder, gerando então nova obrigação para o passageiro. Ao contrário da bagagem registrada, o excesso sujeita-se também a haver lugar disponível na aeronave, razão pela qual poderá o transportador aceitar ou não essa cláusula do contrato de transporte de pessoas. Sai portanto fora do contrato de adesão, e passa às normas aplicadas no transporte de coisas.

Apesar de haver a tradição de uma coisa, não deixa de ser um **contrato consensual**: a tradição opera-se de posse para posse e não de propriedade. Conclui-se o contrato pelo consentimento expresso das partes. Na bagagem registrada, o consentimento da parte do transportador é expresso de forma tácita no momento em que aceita o contrato de transporte de pessoas, ao vender a passagem e receber o preço. Ao aceitar o transporte do passageiro, consentiu que este levasse seus objetos pessoais dentro do peso, tamanho e condições previstas nas normas nacionais e internacionais.

Ocorre de forma idêntica se tratar de bagagem manual, visto que o simples fato de o passageiro passar pelo portão de embarque e adentrar a aeronave com esses objetos à mostra indica o consentimento do transportador. Acham alguns, todavia, que neste caso não existe contrato de transporte de bagagem, tanto que os objetos nem saíram das mãos do passageiro e nem houve pagamento do preço. Em consequência, não há responsabilidade do transportador quanto a essa bagagem.

Subjetivamente, há de ser também estabelecida distinção entre as duas coisas, mercadorias e bagagem, pelo aspecto mercantil das primeiras e pessoal das segundas. Bagagem é o conjunto de objetos de marcante uso pessoal e não são despachados com flagrante intuito mercantil. O contrato não é isolado, porém ligado a um contrato de transporte de pessoas e o proprietário da bagagem viaja com ela. Essa diferença de conceito irá determinar a diferença de responsabilidade do transportador, que terá mais adiante um estudo especial.

7.3. Normas do transporte de bagagem

A Convenção de Varsóvia ocupara-se do problema e sua regulamentação vem sendo aprimorada constantemente, não só em convenções posteriores, como a de Montreal, como ainda pelas resoluções da Iata e do Icao e pela regulamentação interna de cada país. O Código Brasileiro de Aeronáutica (CBA) também previu essa questão no art. 234; segundo esse artigo no contrato de transporte de bagagem, o transportador é obrigado a entregar ao passageiro a nota individual ou coletiva correspondente, em duas vias, com a indicação do lugar e data de emissão, pontos de partida e destino, número do bilhete de passagem, quantidade, peso e valor declarado dos volumes.

A execução do contrato inicia-se com a entrega ao passageiro da respectiva nota e termina com o recebimento da bagagem. Poderá o transportador verificar o conteúdo dos volumes sempre que haja valor declarado pelo passageiro. Além da bagagem registrada, é facultado ao passageiro conduzir objetos de uso pessoal, como bagagem de mão. O recebimento da bagagem, sem protesto, faz presumir o seu bom estado. Procede-se ao protesto, no caso de avaria ou atraso, na forma determinada na seção relativa ao contrato de carga.

Segundo nossa lei maior do transporte aéreo (CBA), é obrigatória a extração da nota de bagagem, e pode ser exigida pelo passageiro. Entretanto, a prática geral é a emissão imediata e concomitante com a passagem. Assim, o próprio bilhete de passagem já contém a nota de bagagem, tanto que seu título inscrito na capa é BILHETE DE PASSAGEM E NOTA DE BAGAGEM. Para a retirada da bagagem registrada é entregue um cartão que servirá de senha na hora da retirada. A passagem já traz as condições do contrato de transporte de bagagem.

7.4. Transporte dentro do Brasil

A responsabilidade da empresa aérea para transporte inteiramente dentro do Brasil é limitado ao estabelecido pelo Código Brasileiro de Aeronáutica. No caso de perda, extravio ou avaria parciais da bagagem registrada do passageiro, a responsabilidade da empresa será reduzida proporcionalmente ao peso, da parte perdida, extraviada ou avariada, independente do valor de qualquer parte da bagagem ou conteúdo da mesma.

A empresa não assume qualquer responsabilidade por danos à bagagem registrada do passageiro, que contenha artigos frágeis ou perecíveis, jóias, papéis negociáveis, ações e outros valores, amostras ou documentos de negócios. A empresa também não assume responsabilidade por quaisquer dos artigos sujeitos a restrição.

7.5. Artigos sujeitos a restrições

O passageiro não poderá incluir em sua bagagem artigos que possam pôr em perigo a aeronave, pessoas ou propriedades, ou que possam sofrer danos, ou cujo transporte for proibido por qualquer dispositivo legal ou regularmente emanado de autoridade competente.

Se a bagagem, em virtude de seu peso, tamanho ou tipo, for considerada inconveniente para o transporte da aeronave, a critério da empresa, esta, antes ou durante a viagem, poderá recusar-se a transportá-la, no seu todo ou em parte. Animais domésticos de pequeno porte e artigos tais como os indicados abaixo não poderão ser transportados na bagagem do passageiro sem autorização e acordo prévio do transportador:

– Gases comprimidos (inflamáveis, não inflamáveis e venenosos);
– Produtos corrosivos (tais como ácidos);
– Explosivos, armas de fogo e munições, material pirotécnico, artigos facilmente inflamáveis;
– Líquidos e sólidos inflamáveis (tais como aerossóis inflamáveis, combustíveis para isqueiro), ou para aquecimento e fósforo;
– Materiais oxidantes; outros artigos (tais como mercúrio, substâncias magnéticas, materiais), mal cheirosos ou irritantes.

Artigos proibidos variam de acordo com as resoluções da Iata. A Convenção de Varsóvia apenas previu a proibição do transporte de artigos que ameaçassem a integridade dos passageiros, mas como os materiais perigosos variam no tempo e no espaço, fica a cargo de cada país adotar as medidas necessárias. No Brasil, a questão foi resolvida, embora dentro das especificações da Iata, que estabeleceu de maneira mais genérica os materiais proibidos, ou seja:

– Por estar proibido seu transporte pelas leis, regulamentos e normas que estejam a bordo;
– Os que, na opinião do transportador, não estiverem aptos para seu transporte, em razão do peso, tamanho e características;
– Os animais vivos, exceto cães, gatos, pássaros enjaulados e demais animais domésticos, com certas condições;
– As armas ou munições que não sejam declaradas e apresentadas ao transportador e aceitas por este, permaneçam em sua custódia até a chegada do passageiro a ponto de destino.

86

7.6. Elementos do bilhete

Falando ainda sobre as exigências legais no tocante à nota de bagagem, a Convenção de Varsóvia apresentava maiores exigências do que o nosso código quanto a dados da nota de bagagem, como o lugar da emissão, pontos de partida e destino; nome, endereço do transportador; número do bilhete de passagem; indicação de que a entrega da bagagem se fará ao portador na nota de bagagem; número e peso dos volumes; total do valor declarado; indicação de que o transporte está sujeito ao regime de responsabilidade estipulada pela Convenção. Embora diversos não constem do nosso código, todos eles estão revelados na passagem.

A nota de bagagem é um documento hoje englobado no próprio bilhete de passagem e seus efeitos são mais ou menos semelhantes. Pode ser conceituado como o documento expedido pelo transportador em consequência de um contrato de transporte de pessoas, que habilita o passageiro a transportar entre os lugares expressamente previstos no contrato, uma determinada quantidade de bagagem, gratuitamente, e na qualidade de registrada, ou o excesso sobre a mesma, com um preço dentro das condiçõcs estipuladas.

Embora faça parte da passagem, na qual, inclusive, constam as instruções sobre a bagagem, trata-se de um documento distinto, cujos objetivos se diferem da passagem. É um documento probatório; equivale a um recibo de que a bagagem foi entregue ao transportador, documentando ainda o próprio contrato. Sua apresentação, ao final da viagem, faculta a retirada da bagagem. Devido porém à natureza consensual do contrato de transporte, não é essencial para a existência do contrato.

Ao contrário do bilhete de passagem, o de bagagem é ao portador. A Convenção de Varsóvia, malgrado tenha estabelecido que a passagem seja nominativa e intransferível, não atribui essas características ao bilhete de bagagem, que permanece, em quase todos os países ao portador e a bagagem será entregue mediante sua apresentação. Sendo o contrato de transporte da bagagem um acessório ao de pessoas, os documentos de ambos os contratos guardam idêntica relação.

Em princípio, o contrato de transporte de bagagem é gratuito, apesar de o transportador se considerar remunerado pelo serviço, ao vender a passagem. Se a bagagem não ultrapassar o peso permitido, de vinte quilos, a contraprestação do passageiro estará compreendida no preço da passagem gozando então de franquia. Excedendo, porém, aquele limite, haverá uma tarifa especial, inferior à de carga. Como, entretanto, o art. 234 do CBA exige a indicação do valor dos volumes, fica esta limitada. Se o valor declarado for superior ao limite, obriga-se o passageiro ao pagamento de uma tarifa adicional.

7.7. Obrigações do transportador

Um contrato, por sua essência, sempre estabelece uma gama de obrigações e direitos para ambas as partes. Apesar de ser um contrato acessório, impõe às partes obrigações específicas e gerais que bem o caracterizam. A primeira obrigação do transportador é a emissão da nota de bagagem. Essa nota resume-se muitas vezes, num simples cartão, que é apresentado para a retirada. O bilhete de passagem já é também o da bagagem, de tal forma que no Brasil nunca deixa de ser emitido.

A legislação de quase todos os países deixa clara essa obrigação do transportador em emitir a nota de bagagem no momento de sua entrega. Essa obrigação é ainda mais realçada para algumas empresas aéreas que emitem documentos diferentes para o transporte de pessoas e de bagagem.

O excesso de bagagem sempre exige expedição de nota adicional, que comprova também o pagamento. O inadimplemento dessa obrigação acarreta responsabilidade ao transportador, que fica frustrado em avocar alguns direitos que lhe são assegurados pela Convenção de Varsóvia.

Para a bagagem manual, a obrigação inicial é permitir que o passageiro ingresse com ela na aeronave. Para a bagagem registrada, o transportador é obrigado a transladá-la até o ponto de destino, entregando-a incólume ante a apresentação da nota de bagagem ou da senha. Essa mesma obrigação se estende ao excesso de bagagem. As normas costumeiras não implicam em que a bagagem deva ser transportada na mesma aeronave em que viaja o passageiro. O importante é entregá-la incólume no seu ponto de destino e no momento de desembarque.

No que tange ao zelo exigido pelo transporte da bagagem, aplicam-se grande parte das disposições de um contrato de depósito. O transportador deve aplicar na guarda da bagagem o mesmo zelo que aplicaria como se sua fosse. O conteúdo da bagagem é normalmente desconhecido do transportador, razão porque ele não se responsabiliza por avarias internas que eventualmente venha à acontecer.

7.8. Obrigações do passageiro

Tratando-se de um contrato bilateral, é natural que também a outra parte contratual deva assumir obrigações, entre as quais se incluem como principais:

Entregar a bagagem – Se para o transporte de pessoas o passageiro se obriga a apresentar-se no local do embarque, com antecedência, a mesma obrigação lhe é imposta para a bagagem. Deve apresentá-la e entregá-la antes de embarcar.

Pagar o excesso – Não apenas a tarifa deve ser paga, ou seja, pelo excesso de peso, mas também se o valor for superior ao limite.

Submeter-se às inspeções – No transporte internacional é muito comum a exigência para a abertura de malas e volumes. Essa exigência, que ocorre inclusive no transporte interno, é apresentada não só pelo transportador, mas pelas autoridades policiais, aduaneiras e sanitárias. Burlando essas exigências, o passageiro poderá ser frustrado em seu direito de indenização.

7.9. Casos de força maior

São os fatos impeditivos de ser executado o transporte, e, por isso, poderão isentar o transportador de responsabilidade por danos, principalmente por atraso ou interrupção da viagem. Caracteriza-se o caso de força maior pela imprevisibilidade ou inevitabilidade do evento e completa ausência de culpa por parte do transportador.

Nem sempre é fácil julgar casos de força maior, pois não há critérios absolutos, mas são muito relativos no tempo e no espaço. Poderão ainda variar para cada tipo de transporte; um caso de força maior hoje pode não sê-lo amanhã. Por esta razão, a lei não determina os casos, ficando sujeitos às decisões judiciais.

Deverá então haver a devida ponderação do passageiro ao analisar os casos em que o transportador tenha falhado na execução da viagem. A ausência de teto impede que um avião alce voo, impedimento esse anotado pela ANAC e não pela empresa de navegação aérea, que se vê proibida de cumprir o horário. Os pilotos de empresas aéreas europeias não descem em regiões em que se instalem revoluções armadas ou agitações perigosas.

8. COMPETÊNCIA JUDICIÁRIA NO TRÁFEGO AÉREO

8.1. Escolha do juízo competente
8.2. Elementos de conexão no Direito Aeronáutico
8.3. Competência da Justiça Federal
8.4. Pronunciamentos judiciais

8.1. Escolha do juízo competente

O julgamento de questões referentes a acidentes ocorridos em operações de transporte parte de casos simples e casos bastante complexos, mormente quando se trata de transporte aéreo internacional. Não é, pois, tão fácil enquadrar o caso num determinado sistema jurídico.

Se examinarmos os julgamentos já observados, notaremos que é muito frequente a alegação de incompetência de juízo. E os eventos, realmente, podem apresentar aspectos que tornam o acidente aéreo um caso *sui generis*, rico de facetas especiais, de formação compósita e, às vezes, bem complexo.

Examinaremos um exemplo: um cidadão residente em Minas Gerais tomou um avião da TAM em Porto Alegre com destino a Belo Horizonte; ocorre nessa viagem um acidente. A transportadora é uma empresa privada com sede em São Paulo; o contrato de transporte foi estabelecido em Porto Alegre, onde o bilhete de passagem foi emitido; o local da execução é variado pois o veículo de transporte sobrevoou cinco Estados. Há, portanto, diversos pontos de conexão para a escolha do juízo competente: o domicílio do Autor ou do Réu, o local da celebração do contrato, ou da execução dele, e o local em que se deu o acidente.

8.2. Elementos de conexão no Direito Aeronáutico

No plano internacional aumenta a complexidade da questão. Um cidadão inglês empreende viagem de Estocolmo a Lisboa, a bordo de um avião da SAS, uma empresa nórdica. Ao chegar a Lisboa, constata-se que ele faleceu devido a um acidente interno ou poderá até ter sido assassinado. Os elementos de conexão são variados: a nacionalidade e domicílio da vítima, a nacionalidade da transportadora aérea (pertence a três países), o ponto de embarque e desembarque, o local do acidente, o tipo de transporte (sucessivo ou contínuo).

Nem sempre o local do acidente é facilmente estabelecido, pois a aeronave sobrevoou diversos países. Sendo um veículo de elevada velocidade, a aeronave atravessa rapidamente certos países que se encontram no percurso, como a Dinamarca, a Holanda e Bélgica, que são países de pequena extensão territorial. A *lex loci* encontra, por isso, várias restrições, embora seja o principal elemento de conexão para a aplicação da lei.

Outro elemento de conexão bem considerado é a nacionalidade do veículo de transporte. Assim, um navio do Brasil quando estiver em alto-mar é considerado território brasileiro e seu comandante está investido de autoridade para resolver certas questões a bordo. A mesma situação ocorre com uma aeronave e até com um ônibus ou um trem. É o que alguns chamam de <u>direito do pavilhão</u>.

Esse elemento é, aliás, reconhecido pelo Código Brasileiro de Aeronáutica, no art. 108:

> *A aeronave é considerada de nacionalidade do Estado em que estiver matriculada.*

Idêntico critério é seguido pela Convenção de Paris (art. 6º), pelo Código Bustamante (arts. 274 e 278) e pela Convenção de Havana (art. 2º). Embora não se encontre em terra, o avião é considerado, ainda que em voo, como nos limites territoriais do lugar que está sobrevoando. O CBA segue essa doutrina, como se deduz do art. 11:

> *O Brasil exerce completa e exclusiva soberania sobre o espaço aéreo acima de seu território e mar territorial.*

Essa doutrina não é exclusivamente brasileira mas adotada por todos os países. A navegação aérea está submetida à soberania do Estado em seus limites territoriais e respectivas águas jurisdicionais. Daí, a autorização de sobrevoar qualquer ponto do território nacional depende do Estado que, evidentemente, a concede por meio de acordos de trânsito e de tratados internacionais. Exemplo recente pode ser encontrado no caso de aviões líbios que se dirigiam à Nicarágua e não tiveram autorização para sobrevoar o território brasileiro nem o da Colômbia.

8.3. Competência da Justiça Federal

Levando em consideração a complexidade já referida, o direito brasileiro procurou estabelecer a medida de jurisdição para julgamento desses casos, a partir da própria Carta Magna. Assim estabelece o art. 109 da nossa Constituição de 1988:

Aos juízes federais compete processar e julgar:

III – as causas fundadas em tratado ou contrato da União com Estado estrangeiro ou organismo internacional;

VI – os crimes previstos em tratado ou convenção internacional, quando iniciada a execução no país, o resultado tenha ou devesse ter ocorrido no estrangeiro, ou reciprocamente;

IX – os crimes cometidos a bordo de navios ou aeronaves, ressalvada a competência da Justiça Militar;

Portanto, por expressa disposição constitucional, a competência para julgar questões referentes a acidentes aéreos ou marítimos é dos juízes federais em primeira instância, e, em consequência, do Superior Tribunal de Justiça. Quando, porém, se tratar de um contrato de transporte internacional, outros critérios devem ser adotados com tendência a predominar, pois se evidencia cada vez mais o caráter da aviação para o internacionalismo.

Quatro sistemas são levantados com mais frequência para a determinação da competência:

A – Lei do pavilhão (*lex pavilionis*);
B – Lugar do delito (*lex loci delicti comissi*);
C – Lei do lugar da celebração do contrato (*lex celebracionis*);
D – Lei do domicílio do transportador e do passageiro (*lex domicilii*).

O direito leva em boa consideração a lei do lugar do delito, embora reconhecendo a delicadeza do estabelecimento do lugar, devido à velocidade do avião. No transporte marítimo torna-se mais difícil dizer o local pois as águas são federais em qualquer lugar em que se encontre o navio. Além disso as águas são móveis e não devem ter nacionalidade.

Na Europa e em outras regiões do globo, em que há países de pequena extensão territorial e muito tráfego, essa dificuldade aumenta. A viagem de Estocolmo a Lisboa passa por diversos países pequenos, como a Dinamarca, Holanda, Bélgica e mesmo Portugal, que é o lugar de destino. Mormente quanto aos três primeiros, é rápido o tempo de permanência sobre eles, tornando-se difícil localizar um evento.

A <u>lei do pavilhão</u> torna mais segura a localização do direito aplicável e consequentemente da competência judiciária para julgamento de casos. Entrosa-se com alguma frequência com o lugar da celebração do contrato, embora nem sempre ocorra. Por exemplo, um brasileiro viaja num avião da Air France, com contrato firmado no Brasil, e, na volta, firma o contrato em Paris para viajar em avião da TAM. Todavia, a empresa a que pertence a aeronave é a principal e direta responsável pela segurança do passageiro; lógico, portanto, que seja ela a demandada e no foro de seu domicílio; este coincide com o da sua nacionalidade.

A <u>lei do lugar da celebração do contrato</u> encontra guarida em nosso direito, a partir do art. 9º da Lei de Introdução ao Código Civil:

> *Para qualificar e reger as obrigações, aplicar-se-á a lei do país em que se constituírem.*
>
> *1º – Destinando-se a obrigação a ser executada no Brasil e dependendo de forma essencial, será esta observada, admitidas as peculiaridades da lei estrangeira quanto aos requisitos extrínsecos do ato.*
>
> *2º – A obrigação resultante do contrato reputa-se constituída no lugar em que residir o proponente.*

A interpretação dessa norma comporta várias facetas. A primeira delas é a de chegar a uma precisa noção sobre o lugar em que o contrato foi proposto e o "lugar em que reside o proponente". O proponente do contrato nem sempre é identificado como tal; quando não fica caracterizado, presume-se que seja o transportador. Uma empresa aérea, por exemplo, como a TAM, a Gol e a Ocean Air, faz oferta pública de seus serviços, convidando os possíveis interessados a procurá-las para a celebração do contrato.

Está feita assim a proposta, tendo como oblato o futuro passageiro. O "lugar em que residir o proponente" é onde estiver localizada sua agência, onde será atendido o oblato e estabelecido o contrato. Nessas condições, a Alitalia faz oferta pública de seus serviços aéreos por meio de jornais, TV ou outros meios; um paulistano celebra contrato com essa empresa no escritório desta em São Paulo. Está bem caracterizada a situação, com o proponente e o proposto bem identificados. Não há dúvida quanto ao "lugar em que o contrato foi proposto", uma vez que, malgrado se trate de empresa estrangeira, tem sua representante em São Paulo, onde ela se responsabiliza pelos seus atos. Está eleito destarte o foro de São Paulo, sujeitando, portanto, à lei brasileira o julgamento de possíveis lides decorrentes do cumprimento do contrato.

A atribuição à Justiça Federal para apreciar questões relativas a acidentes aéreos, o que não ocorre com acidentes terrestres, tem diversos fundamentos. O primeiro deles vamos encontrar no art. 22 de nossa Constituição, quando diz:

> Compete à União legislar sobre: direito civil, empresarial, penal, processual, eleitoral, agrário, marítimo, aeronáutico, espacial e do trabalho.

Se a união arroga-se a competência exclusiva para legislar sobre direito aeronáutico e marítimo, será consequência natural que se arrogue também competência para julgar questões a eles referentes. Não é fundamento muito forte, mas, embora insuficiente, de validade e que irá se entrosar com outros.

O segundo aspecto a ser considerado é o do transportador aéreo. Em todos os países, exceto Brasil e EUA, é uma empresa pública federal. Não obstante ser permitido no Brasil a exploração, por empresas privadas, dos serviços da aviação comercial, essas empresas dependem de concessão federal, por intermédio da Anac – Agência Nacional de

Aviação Civil, pertencente ao Ministério da Defesa. Além do mais, operam em aeroportos, que são próprios federais.

Igualmente, uma aeronave ou um navio não representa território de nenhum dos Estados brasileiros; logo, deve ser considerado duplo aspecto: se a aeronave for pública ou privada. Estabelece o CBA que se consideram território do Estado de sua nacionalidade as aeronaves militares e as públicas, onde quer que se encontrem. Assim, se alguém nascer a bordo de um avião ou navio brasileiros, será brasileiro, mas não paulista, mineiro ou natural de qualquer outro Estado. Trata-se, portanto, de atribuição da Justiça Federal resolver qualquer questão a este respeito.

Tratando-se de uma aeronave privada pousada em território estrangeiro, é considerada como estando naquele território. Assim, um avião da Gol faz pouso no Aeroporto de Confins, perto de Belo Horizonte, sujeito à atribuição das autoridades situadas em Minas Gerais. Da mesma forma, se um avião da Alitalia estiver sobrevoando o alto-mar, será da competência da justiça italiana a apreciação de um acidente; se porém, estiver em pouso no aeroporto de Viracopos, será da justiça brasileira.

Há, no caso acima, discrepância entre a lci do pavilhão e a do território subjacente, podendo provocar conflitos. Há pontos de vista divergentes entre diversos juristas com muitos recomendando a necessidade de uma convenção internacional que estabeleça um critério estável e objetivo. A delicadeza e insegurança da questão é reconhecida, entre nós, pelo professor Irineu Strenger:

> *Tanto a <u>lei do pavilhão</u>, quanto a <u>lex loci delicti</u> são aplicáveis e constituem soluções acertadas desde que se analisem as circunstâncias em que os fatos se dão. Se ocorrem danos dentro da aeronave, provocados por passageiros, uns contra os outros, ou situações análogas, o direito aplicável deve ser aquele indicado pela lei do pavilhão, ou do território a que está submetida a aeronave por matrícula, embora pense Gedel em sentido contrário, achando que os foros se subordinam ao Estado sobrevoado ou, na hipótese dos navios,*

o vínculo jurídico se expressa pelo mar territorial navegado. Se, porém, os danos resultem de abordagem implicando mais de uma nacionalidade, visto que o território aéreo atravessado constitui o verdadeiro lugar do delito, e, portanto, fixa a sua competência legislativa. (Da obra: Reparação de Danos em Direito Internacional Privado – ERT – p. 297.)

Entretanto, muitas dúvidas foram levantadas em razão de diversas arguições de incompetência levantadas em processos vários, umas aceitas, outras não, mas aceitando a Justiça Estadual também como competente para o julgamento de ação de reparação de danos. O fundamento primordial é o de que a ação de reparação de danos discute problemas de caráter obrigacional e não questão de Direito Aeronáutico.

8.4. Pronunciamentos judiciais

Importante decisão foi tomada a esse respeito pela 2ª Câmara do Tribunal de Justiça do então Estado da Guanabara em 24.4.1973, ao julgar a Apelação Civil 81.360. Cidadãos soviéticos ajuizaram ação para haverem a indenização de 125.000 francos franceses à base de 65,5 miligramas de ouro ao título de 900 milésimos de metal fino, cada unidade, conversível em números redondos, na moeda de cada país.

A ação foi empreendida pela esposa e pelo filho de um cidadão soviético, falecido em decorrência de um desastre aéreo, contra a antiga Panair do Brasil, que pouco tempo depois teria sua falência decretada. O processo corria na 18ª Vara Cível do Rio de Janeiro, mas, com a quebra da Ré, prevaleceu a *vis atractiva* do processo falimentar. Houve arguição de incompetência *rationae materiae*, repelida pelo juiz de primeira instância, no que foi seguido pelo de segunda. Foi o seguinte o pronunciamento do primeiro grau:

Em que pesem as razões apresentadas, rejeito a arguição de incompetência do juízo, tendo em vista que o litígio é restrito à composição de danos sofridos em consequência do acidente cuja autoria e responsabilidade não foram impugnadas. Assim, embora a Convenção de Varsóvia não deixe de constituir fonte mediata de pretensão ajuizada, é de se convir que o objetivo da ação diz respeito diretamente à fixação da indenização e à de, pela mesma responder a massa falida, o que, a meu ver, sofre a influência da "vis atractiva" do Juízo Universal da Falência. Em tais circunstâncias, dou-me por competente.

A sentença e o acórdão foram publicados na íntegra na *Revista dos Tribunais* número 457, de novembro de 1973, tendo tido grande repercussão, pois, além de firmar jurisprudência sobre a competência do juízo, ratificou a aplicação no Brasil da Convenção de Varsóvia, de 12.10.1929, ratificada pelo Brasil a 10.3.1931, depositada em Varsóvia a 2.5.1931 e promulgada pelo Decreto 20.704, de 24.11.1931, publicado nesse mesmo dia no DOU – Diário Oficial da União.

9. DO CONTRATO DE TRANSPORTE AQUAVIÁRIO

9.1. Antecedentes históricos
9.2. A lei básica brasileira
9.3. Convenções internacionais
9.4. Convenção de Bruxelas sobre o transporte de passageiros
9.5. Convenção de Bruxelas sobre o transporte da bagagem
  9.5.1. Responsabilidade quanto à bagagem
  9.5.2. Inderrogabilidade das normas
  9.5.3. Responsabilidade dos dependentes
  9.5.4. Jurisdição e competência
  9.5.5. Empresas públicas
9.6. Entidades marítimas internacionais

9.1. Antecedentes históricos

O termo aquaviário designa "sobre águas", do qual vêm Direito Aquaviário e transporte aquaviário. Tradicionalmente era chamado de Direito Marítimo, referente às operações sobre águas e não apenas sobre o mar. Há poucos anos a terminologia ficou mais bem aplicada, considerando o transporte marítimo o realizado sobre os mares, o fluvial, nas águas dos rios, o lacustre, nos lagos e o hidroviário, nos canais especialmente preparados para o transporte. A moderna legislação brasileira já está adotando essa nova nomenclatura.

Em 11 de agosto de 1827 quando foram criados os cursos jurídicos no Brasil, o régio decreto dessa criação apontou as matérias a serem estudadas no curso de direito, entre as quais estavam Direito Marítimo e Direito Mercantil, como uma só matéria. Naquela época, Direito Mercantil era o nome adotado para o atual Direito Empresarial, tendo havido entre essas duas designações o nome de Direito Comercial.

É por demais antigo o Direito Aquaviário e deve ter surgido com o transporte marítimo, que é mais antigo ainda, anterior à antiguidade clássica, ou seja, da Grécia e de Roma. Sabe-se que nos séculos XIV e XV antes de Cristo as fenícios exerciam a navegação marítima no Mar Mediterrâneo, mantendo contatos entre a Europa e a África.

Na época dos fenícios deve ter surgido a Lex Rhodia de Jactu, pela qual o capitão de um navio, se ele estivesse em perigo de afundar, estava autorizado a lançar ao mar algumas mercadorias e os prejuízos seriam partilhados por todos os transportadores. Essa lei, de tempos imemoriais, encontra-se no direito de muitos países, e, entre nós, consta dos arts. 792 e seguintes do Código Comercial.

Outra instituição possivelmente criada pelos fenícios foi o Nauticum Foenus, do qual resultaram as sociedades mercantis e um acerto entre investidores e o comandante do navio (que hoje seria a empresa transportadora). Os tipos de sociedade mercantil estão expostos no nosso Código Civil. No Código Comercial, arts. 633 a 665, está descrita uma operação com o nome de "contrato de dinheiro a risco ou câmbio marítimo".

No final da Idade Média surgiram as compilações marítimas, autênticos códigos de navegação marítima. A principal delas é considerada o Consulato Del Mare, elaborado em Barcelona, que regulava o transporte aquaviário no Mar Mediterrâneo. Igualmente as Tábuas Amalfitanas, elaboradas na cidade de Amalfi, na região de Nápoles, que regravam os contatos da Europa com o Oriente Médio e o Mar Mediterrâneo. Os Rolos de Oleron eram um código de navegação marítima e foram elaborados em pergaminhos, que foram encontrados enrolados na ilha francesa de Oleron (donde o nome de Rolos de Oleron); estabeleciam normas para a navegação atlântica entre a França e outros países no Oceano Atlântico. De igual finalidade era ainda o Guidon de la Mer.

Coube à França a missão de elaborar os primeiros códigos, a princípio com o nome de ordenação. Assim foi que em 1673 elaborou a Ordenação sobre o Comércio de Terra e, em 1681, a Ordenação sobre o Comércio de Mar. Foram os códigos precursores do Código Comercial francês de 1807, este o sistematizador do direito sobre o transporte aquaviário. É tido e sabido que o Código Comercial francês serviu de modelo para a elaboração do código de grande parte dos países, entre os quais o Brasil.

9.2. A lei básica brasileira

É bem pobre a legislação brasileira a respeito do Direito Aquaviário. Bastaria dizer que a lei básica é o Código Comercial de 1850, baseado no código francês de 1807. Ele faz breves referências ao contrato de transporte, sem contudo regulamentá-lo. Por ter mais de um século e meio de existência, estão superadas suas normas, até mesmo com linguagem inadequada. O contrato de transporte marítimo de pessoas está previsto nos arts. 629 a 632. Assim, por exemplo, a parte celebrante do contrato de transporte é o "capitão do navio", o que não condiz com nossos dias.

O art. 457, que abre a regulamentação, fala em "súditos do império" ainda agora em que deixou de haver império há mais de um século. Usa a palavra "comerciante", "comércio" e "comercial", termos que já foram banidos do vocabulário jurídico há muitos anos. Dá longa regulamentação aos seguros marítimos, mas o novo Código Civil e extensa gama de leis complementares regulamentam os seguros, tendo criado novo ramo do direito, o Direito Securitário. Muitas outras disposições do Código Comercial se chocam com o moderno direito. Por essa razão, preferimos não levá-lo em consideração, elegendo o novo Código Civil como a lei básica brasileira em matéria de contrato de transporte marítimo e de seguros marítimos.

9.3. Convenções internacionais

O Brasil não é signatário de convenções internacionais na área do Direito Marítimo por várias razões. Não temos praticamente marinha mercante; a que tínhamos, o Lloyd Brasileiro, quebrou de forma melancólica. Entretanto, empresas brasileiras celebram contratos de transporte constantemente com empresas estrangeiras, servindo-se da navegação marítima com outros países. Os mais importantes países participam seriamente das convenções internacionais. Por isso, teremos que aceitar os termos das convenções, se quisermos manter contato com o resto do mundo.

A convenção fundamental é a Convenção de Bruxelas de 1924, tendo sido modernizada por várias convenções posteriores. Ela teve duas alterações importantes e se bipartiu em duas versões, tendo havido um grupo de países que aderiu a uma versão e outro grupo, à outra. A primeira versão surgiu em Haia em 1924 e estabeleceu as Regras de Haia de 1924, que mais tarde foram mudadas para Regras de Haia-Visby 1968 e pelo Protocolo DES 1979. Posteriormente, um grupo pequeno de países criou nova versão em vigor em 1992, chamada Regras de Hamburgo.

Muitas outras convenções existem a respeito do Direito Aquaviário, a maioria delas chamada Convenção de Bruxelas, envolvendo diversos assuntos, como o da competência judiciária sobre divergências em matéria de transporte marítimo.

9.4. Convenção de Bruxelas sobre transporte de passageiros

É conveniente a advertência de que utilizamos o termo "aquaviário", quando as convenções usam o termo "marítimo". Preferimos adotar a nova nomenclatura pois é a que está sendo aceita e a legislação brasileira está adotando, haja vista as novas leis sobre o transporte aquaviário. As convenções internacionais que regulam o transporte, a partir da Convenção de Varsóvia, inspiraram a realização de várias convenções que vieram regulamentar o transporte marítimo, embora só se tenham realizado posteriormente; mas é evidente que a Convenção de Varsóvia exerceu forte influência sobre as convenções celebradas em Bruxelas, conforme se pode verificar pelos numerosos pontos de analogia entre as normas adotadas.

A primeira delas a cuidar do transporte marítimo de passageiros, cujas decisões foram firmadas em 29.4.61, foi denominada Convenção Internacional para a Unificação de Certas Regras em Matéria de Transporte de Passageiros por Mar, realizada em Bruxelas. A Convenção de 1924 versava sobre transporte de mercadorias.

Os primeiros passos das decisões consistiram em estabelecer um conceito mais ou menos estável dos institutos da terminologia comumente adotados. No art. 1º, o primeiro termo definido foi o de transportador:

> *Compreende qualquer uma das seguintes pessoas, parte de um contrato de transporte: o proprietário do navio, ou o fretador, ou o armador.*

Na verdade, não foi propriamente conceituado o termo transportador, mas indicados os três tipos de transportadores considerados, ou como o transportador adquire essa condição. O transportador é, não há dúvida, parte do contrato: é quem se compromete a transportar o passageiro. A forma pela qual ele adquire o direito de utilizar o navio não afeta o passageiro.

O segundo termo a ser conceituado foi o de contrato de transporte, que significa um contrato concluído por um transportador, ou por sua conta, para o transporte de passageiros e sua especificidade, tanto que procura diferenciar esse contrato do contrato de afretamento.

Mais adiante diz: "passageiro significa unicamente uma pessoa transportada em navio, em virtude de um contrato de transporte". O passageiro tem aqui devidamente esclarecida sua posição no contrato; é uma pessoa física e é contraparte no contrato, figurando num polo e o transportador, no outro. O objeto do contrato está expresso: transportar uma pessoa em um navio.

O conceito de transporte, quanto ao período em que permanece a responsabilidade por dano, adota diferentes critérios dos que são seguidos no direito aeronáutico e terrestre, como se vê:

> *Transporte compreende o período durante o qual o passageiro está a bordo do navio, assim como as operações de embarque e desembarque desse passageiro, mas não compreende o período no qual o passageiro se encontrar na plataforma de um porto ou qualquer outra instalação portuária. Em outros termos, o transporte compreende o transporte por água, do cais ao navio e vice-versa, se o preço desse transporte estiver compreendido na passagem ou se a embarcação utilizada pra esse transporte acessório tenha sido colocada à disposição do passageiro pelo transportador.*

No transporte aéreo e terrestre, a viagem compreende não só o tempo em que o passageiro monta ou desce do veículo, mas desde que entra ou sai da pista do aeroporto ou da pista de embarque da estação. O transporte marítimo, contudo, apenas corresponde ao momento em que estiver sobre a água, de acordo com a Convenção.

Especifica ainda a Convenção o que entende como transporte internacional, aspecto que não difere de interpretação do Direito Aeronáutico, tanto que é o critério adotado pela Convenção de Varsóvia e pelo nosso Código Brasileiro de Aeronáutica.

Transporte internacional significa todo transporte em que, segundo o contrato de transporte, o lugar da partida e do destino estejam situados seja num só Estado se houver um ponto de escala intermediária em outro Estado, ou então em dois Estados diferentes.

Esse conceito parece um pouco confuso mas pode ser explicado. O transporte é internacional se o ponto de partida estiver situado num país e o de destino, em outro. Ou então, ainda que o ponto de partida e o de destino estejam situados num só país, haja parada intermediária em outro país. No Canadá, por exemplo, há um voo de Quebec até Vancouver, ambos no mesmo Estado, mas no caminho o avião para em algumas cidades dos EUA; é, portanto, um voo internacional.

Em seguida, a Convenção traz diversos artigos, sobre os quais se assentaram as leis de muitos países, pelo menos, a prática do comércio internacional. Diz o art. 2º:

As disposições da presente Convenção aplicam-se a todos os transportes internacionais, sejam efetuados por um navio de bandeira de Estado participante da Convenção, seja quando, após o contrato de transporte, o lugar da partida ou o lugar do destino encontram-se em um Estado participante.

Como os países de mais forte intercâmbio marítimo participam das Convenções, as disposições aplicam-se a todos os que estiverem em conexão com eles. Assim, embora o Brasil não tenha ratificado a Convenção, se o ponto de embarque ou desembarque estiverem em um dos países ratificantes, o navio será enquadrado nas normas convencionais.

RESPONSABILIDADE DO TRANSPORTADOR

A principal deliberação da Convenção de Bruxelas, a exemplo da Convenção de Varsóvia, foi no tocante à responsabilidade do transportador aquaviário, para estabelecer seu grau de limite. Os arts. 3º e 4º estatuem que o transportador, seja proprietário do navio, ou armador, ou afretador, deve exercer a diligência necessária para manter o navio em bom estado de navegabilidade, proporcionando segurança e conforto aos passageiros.

O art. 4º preceitua a responsabilidade do transportador pelo prejuízo resultante da morte ou de lesões corporais do passageiro, se o fato gerador do prejuízo ocorreu durante o transporte e foi imputável a falha ou negligência do transportador ou de seus prepostos, agindo no exercício de suas funções.

A falha ou negligência do transportador ou de seus prepostos será presumida, se a morte ou as lesões corporais tiverem sido causadas por um naufrágio, abordagem, encalhe, explosão ou incêndio ou estiverem em relação com um desses eventos, salvo prova em contrário. Caberá ao reclamante o ônus da prova da falha ou negligência do transportador, exceto nos casos de naufrágio, abordagem, encalhe, explosão ou incêndio, por serem eventos que caberão ao transportador prever, e a apuração de suas causas ser por demais complexa, fugindo à competência técnica e funcional do passageiro. Se, todavia, o transportador demonstrar que a morte ou as lesões corporais tiverem sido causadas pelo próprio passageiro, sua responsabilidade poderá será liberada ou atenuada.

A responsabilidade do transportador em caso de morte ou lesões corporais do passageiro fica limitada, em todos os casos, a um montante de 250.000 francos, unidade consistente de 65,5 miligramas de ouro, que deverão ser convertidas em moeda nacional do país em que será paga a indenização. A lei francesa, pelo Decreto 67.268, de 23.3.67, que complementa a Lei 66.420, adotou limite mais baixo, o de 82.000 francos, e provocou choques cuja solução vem sendo procurada. É facultado às partes estabelecerem um limite superior, mas não inferior ao estabelecido pela Convenção.

O limite estabelecido será rompido se ficar demonstrado que o transportador tenha agido com dolo ou má-fé, ou seja, que o prejuízo tenha sido ocasionado por ato ou omissão do transportador, com a intenção de provocar o prejuízo, seja de forma temerária ou consciente de que o prejuízo poderia ser causado. As normas limitativas de responsabilidade são, perante a Convenção, de ordem pública, a exemplo do que foi adotado pela Convenção de Varsóvia.

O art. 11 estabelece as prescrições para o direito de reclamação, nos casos seguintes:

- lesões corporais – 15 dias a partir do desembarque, o passageiro deve comunicar por escrito ao transportador; daí parte o prazo de dois anos.
- prescreve no prazo de dois anos, correndo a partir do dia em que o passageiro deveria desembarcar.

9.5. Convenção de Bruxelas sobre o transporte de bagagens

Em 27.5.67, deu-se em Bruxelas a Convenção Internacional para Unificação de Certas Regras em Matéria de Transporte de Bagagens De Passageiros por Mar. Procurou-se então complementar a Convenção anterior, que decidia a respeito dos passageiros, o que foi muito natural, pois se tratava de contratos integrados; o contrato de transporte não existe sem o de passagem e este dificilmente existe sem aquele. Aliás, ambos são celebrados na mesma ocasião, ainda que o passageiro venha a viajar sem bagagem, o que é muito difícil, pois se consideram como bagagem a roupa do corpo, um maço de cigarros, uma carteira de dinheiro, os documentos, e outros.

O primeiro artigo procura conceituar alguns termos utilizados no contrato, a fim de estabelecer uma linguagem comum. Os conceitos são mais ou menos idênticos aos adotados na Convenção sobre carga; outros, porém, são olhados pelo ângulo da bagagem e apresentam aspectos diversos.

Sob esse ângulo, por exemplo, "o transportador compreende o proprietário, afretador ou explorador do navio que, tendo concluído um contrato de transporte de passageiro, encarregou-se de transportar suas bagagens". A bagagem, objeto principal da Convenção, foi bem precisada, com diversos itens:

BAGAGEM significa todos os objetos ou veículos transportados pelo transportador, em virtude de contrato de transporte de passageiros, com exceção de:

A – objetos ou veículos transportados com nota de transporte ou conhecimento;

B – objetos ou veículos cujo transporte seja regido pela Convenção Internacional sobre o transporte de passageiros e suas bagagens por estrada de ferro (firmada em Berna);

C – animais vivos.

BAGAGENS DE CABINE significam as bagagens que o passageiro leva consigo, ou que tenha em sua cabine, ou sob sua guarda, e as bagagens que passageiro leva em seu veículo.

O período de transporte é definido de forma diferente da que foi adotada para os passageiros, tenho em vista que muitas bagagens são desembarcadas em momentos diferentes do desembarque dos passageiros. O transporte compreende os períodos seguintes:

1º – No que concerne às bagagens de cabine, o período em que as bagagens estão a bordo do navio ou em operações de embarque ou desembarque;

2º – Por outro lado, o transporte compreende o período durante o qual as referidas bagagens estiverem sob a guarda do transportador ou de seus prepostos, seja numa estação marítima, no cais, ou qualquer outra instalação portuária. E ainda durante o período em que se efetua o trajeto sobre a água, do cais ao navio e vice-versa, se o preço desse transporte estiver compreendido no do bilhete ou se nave utilizada para esse transporte acessório tenha sido posta à disposição do passageiro pelo transportador.

3º – No que concerne a todas as outras bagagens, o período compreendido entre o momento em que elas tenham sido entregues ao transportador ou a seus prepostos em terra ou a bordo e no momento em que as referidas bagagens tenham sido entregues pelo transportador ou seu preposto.

Procura ainda caracterizar o que considera como perda da bagagem ou danos e ela, compreendendo o prejuízo material proveniente da não entrega ao passageiro em prazo razoável, a contar da chegada do navio em que as bagagens foram ou deveriam ter sido entregues, mas não compreende os atrasos causados por greves ou *lock out*.

O art. 2º expõe o âmbito de aplicação das normas estabelecidas pela Convenção:

A presente convenção será aplicável a todo transporte internacional, quando:

A – o navio estiver matriculado em um Estado participante;

B – o contrato de transporte tenha sido concluído em um Estado participante;

C – após o contrato de transporte, o lugar de a partida encontrar-se em um Estado participante.

Essa abrangência afeta o Brasil, principalmente no primeiro item, pois que a maior parte das viagens marítimas empreendidas por brasileiros se dá em navios de países participantes da Convenção. A viagem de partida não está abrangida pois o Brasil não é mais participante, enquadrando-se então no item "c".

9.5.1. Responsabilidade quanto à bagagem

O art. 3º prevê a responsabilidade do transportador, impondo-lhe a diligência que deve observar no exercício de suas funções. Aliás, esse artigo é o mesmo que constou da Convenção sobre passageiros. A responsabilidade, entretanto, é declarada no art. 4º, em quatro itens.

O transportador será responsável pelas perdas e pelos danos às bagagens, se o fato gerador das perdas ou dos danos tiver ocorrido durante o transporte e for imputável a falha ou negligência do transportador, ou de seus prepostos, agindo no exercício de suas funções. O transportador será ainda responsável no que concerne aos veículos, pela perda ou danos provenientes ou resultantes de atos, negligência ou defeitos da tripulação, ou de prepostos do transportador na navegação ou da administração do navio durante o transporte.

Salvo convenção expressa ou por escrito, o transportador não será responsável em caso de perda ou danos a espécies, títulos ou outros valores, tais como ouro, pratarias, relógios, joias, bijuterias ou objetos de arte.

A prova da extensão da perda ou dos danos, e do evento que tenha causado a perda ou os danos durante o transporte, incumbe ao passageiro.

A falha ou a negligência do transportador e de seus prepostos ou agentes, será presumida, salvo prova contrária, no que concerne à perda ou aos danos às bagagens. No que concerne à perda ou aos danos às bagagens de cabine, a prova dessa falha ou negligência incumbe ao passageiro, salvo se a perda ou os danos proveem de um naufrágio ou abordagem, abalroamento, explosão ou incêndio ou não esteja em relação com um desses eventos. Se o transportador demonstrar que a falha ou negligência do passageiro causou a perda ou aos danos ou tenha para isso contribuído, a responsabilidade do transportador pode ser liberada ou atenuada.

A responsabilidade em caso de perda ou prejuízo à bagagem de cabine é limitada, em todos os casos, a um montante de 10.000 francos por passageiro. Em caso de perda ou prejuízos à bagagem ou mais precisamente à bagagem existente no interior ou sobre o veículo, é limitada, em todos os casos, a 30.000 francos por veículo.

Em caso de perda ou de danos a qualquer outro objeto além dos acima referidos, é limitada, em todos os casos, a 16.000 francos por passageiro. Cada franco mencionado na Convenção é considerado como correspondente a uma unidade constituída por 65,5 miligramas de ouro.

9.5.2. Inderrogabilidade das normas

Consagrando o mesmo critério adotado nas Convenções de Bruxelas sobre passageiros marítimos e de Varsóvia sobre transportes aéreos, essas regras são de ordem pública e, portanto, inderrogáveis por convenção das partes de um contrato. Da mesma liberdade concedida às partes para convencionarem a elevação do limite de responsabilidade por danos aos passageiros, também no tocante à bagagem poderá ele ser elevado, e não diminuído.

Seguindo a equidade de critério, o transportador não poderá beneficiar-se do limite de sua responsabilidade, se ficar demonstrado que os danos resultam de um ato ou de uma omissão do transportador, com a intenção de provocá-los, ou se tiver agido de forma temerária e com consciência da probabilidade do dano.

No caso de danos aparentes à bagagem, o passageiro deve dirigir comunicação escrita ao transportador ou a seu agente: a) no tocante à bagagem de cabine, antes ou no momento de seu desembarque; b) no tocante às outras bagagens, antes ou no momento da entrega; c) em caso de perda ou dano não aparente, em 15 dias a partir da data do desembarque ou da entrega, ou da data em que deveria ter sido efetuado a entrega. Não fazendo as comunicações dentre esses termos, presume-se que o passageiro tenha recebido a bagagem em ordem.

As ações de reparação de danos resultantes da perda ou dos danos à bagagem prescrevem após dois anos a partir da data em que o desembarque deveria se realizar. Nota-se que a Convenção de Bruxelas fixa um prazo de prescrição e não de decadência. Um processo ficará, porém, na dependência da jurisdição a que está sujeito, cabendo ao tribunal competente reger as causas da suspensão ou interrupção dos prazos de prescrição.

Todavia, para evitar prolongamento dos prazos de prescrição, não poderá ser instaurada ação após três anos decorrentes da data do desembarque ou em que o desembarque deveria ocorrer.

9.5.3. Responsabilidade dos dependentes

O art. 11 prevê a responsabilidade e direito dos dependentes ou agentes da empresa transportadora, se forem processados para a reparação de danos referidos na Convenção. Poderá ela invocar as exceções e as limitações invocáveis pelo responsável pelo transporte, se ficar provado que eles agiram no exercício de suas funções.

Por isso, o montante da reparação, a ser reclamado, não poderá ultrapassar os limites previstos na Convenção, mas os dependentes ou agentes do transportador não poderão prevalecer-se deles se ficar provado que os danos foram causados por ato ou omissão deles com intenção de causar danos ou tendo consciência de que o ato ou omissão poderia resultar em danos.

9.5.4. Jurisdição e competência

O art. 13 tem caráter jurisdicional, ao estabelecer a competência para o julgamento das ações instauradas diante da autoridade judiciária de um certo país. Tratando-se de um contrato de transporte, as partes dele podem livremente escolher o foro competente para as ações, antes, naturalmente, do evento que tenha ocasionado os danos. Como de hábito, nos contratos internacionais, o foro competente decorre de um ponto de conexão; no presente caso, três pontos de conexão podem aparecer. O primeiro será o Estado do domicílio ou do principal estabelecimento do reclamante (fórum rei). O segundo é o Estado do ponto de partida ou de destino, constantes no contrato de transporte. O terceiro é o Estado do domicílio ou da residência permanente do reclamante, se ele tiver a sede de sua atividade nesse Estado e está submetido à jurisdição deste.

Entretanto, o parágrafo final do art. 13 confere às partes o direito de submeter a solução do litígio entre ambas a um tribunal arbitral. Esse acordo pode ser estabelecido mesmo após o evento que tenha causado os danos.

9.5.5. Empresas públicas

Segundo o art. 15 da Convenção, esta se aplica também às empresas públicas que explorem o transporte em regime empresarial. Esta estipulação é por demais importante pois atinge o "Estado-Empresário", e, no transporte marítimo, ele intervém de forma cada vez mais absorvente.

Como acontece na aviação civil, a navegação marítima constitui, na maioria dos países, um monopólio do Estado. Mesmo nos países de livre iniciativa, em que empresas particulares atuam na navegação em regime empresarial, há empresas públicas concorrendo com elas.

9.6. Entidades marítimas internacionais

Neste, como em geral nos campos de atuação internacional, o que se constata, a cada passo, é a proliferação incontrolada de órgãos, entidades, associações ou o que se lhe equivale, que no mais das vezes sobrepõem-se, quando não se conflitam. Nem todas as entidades ocupam-se exclusivamente do transporte marítimo ou do direito marítimo, como, por exemplo, a OIT – Organização Internacional do Trabalho, criada pela ONU, ao debruçar-se sobre as condições de trabalho dos marítimos. Citaremos aqui algumas que têm merecido referência:

– Comitê Marítimo Internacional;
– International Law Association;
– Instituto de Direito Internacional;
– Academia Diplomática Internacional;
– Comissão Internacional pela Unificação do Direito Privado;
– Comissão Internacional pela Legislação Uniforme;
– Câmara de Comércio Internacional;
– International Association of Marine Radio Interest;
– International Shipping Federation;
– International Chamber of Shipping;
– Baltic and International Maritime Conference;
– Sottocomissione dei parti e della Navigazione Maritima (pertencente à ONU);
– Comissão de Direito Internacional (pertencente à ONU);
– Organização Intergovernamental Consultiva da Navegação Marítima;
– International Hydrographic Bureau;
– Conselho Internacional Permanente para a Exploração do Mar;
– Comissão das Nações Unidas para o Desenvolvimento do Direito Comercial Internacional.

Algumas delas merecem, todavia, especial referência por suas iniciativas e específica atuação no campo do direito. A primeira a ser considerada é o Comitê Marítimo Internacional – CMI. Por seu ativo de realizações, cabe-lhe inegavelmente a precedência no rol das principais entidades, por ser quase pioneira entre as que estão atuando, tendo surgido em 1897 na Bélgica.

O Comitê Marítimo Internacional – CMI é de caráter privado e tem por fim contribuir por meio de conferências, publicações, estudos, etc., para a unificação do direito da navegação, seja por via de tratados, acordos internacionais, ou pela unificação do direito da navegação e uniformização das legislações internas dos associados, seja finalmente pela sistematização de usos e costumes.

São membros do CMI as associações nacionais dos distintos países interessados. Sua direção está a cargo de um escritório permanente que decide os temas propostos para estudo. Periodicamente, o CMI remete aos associados as pautas que lhe pareçam relevantes, seja para implantação de novas ideias, seja para reforma de outras vigentes, colhendo deles as apreciações que informarão projetos concretos.

O CMI já patrocinou muitas convenções, entre as quais as duas por diversas vezes referidas anteriormente, para a unificação das regras sobre transportes de passageiros e a das bagagens. Afora estas, houve mais 22 convenções sobre unificação do direito marítimo internacional.

Durante muitos anos, foi o único órgão europeu, o que provocou declínio na sua influência, como o advento do mundo socialista, do terceiro mundo e do deslocamento do eixo político e econômico para a América do Norte.

Outro órgão merecedor de encômios é a Organização Consultiva Marítima Intergovernamental, criada sob os auspícios da ONU, em 1966. Em questões relativas à segurança do tráfego marítimo que o IMCO se realça e mesmo não encontra concorrentes, por meio de seu Comitê de Segurança Marítima.

A IMCO empreendeu a reformulação da Convenção de 1961 sobre transporte de bagagens, que necessitava de alguma harmonização em seus textos e que foram objeto de um estudo do CMI em Tóquio, submetido ao comitê jurídico da IMCD.

Várias conferências foram preparadas pela IMCD, como por exemplo, a referente às linhas de carga de 1966 e o Acordo Internacional sobre Navios de Passageiros que Efetuem Transportes Especiais, em 1971. Foi igualmente a IMCD que procedeu à revisão da importante conferência de Londres, de 1914, sobre a salvaguarda da vida no mar.

Tem-se evidenciado, nos últimos anos, a atuação da Comissão das Nações Unidas para o Desenvolvimento do Direito Comercial – CNUDCI, que se ocupou dos *charter party*, dos seguros marítimos, dos conhecimentos de transporte e de tantos outros problemas que são submetidos ao seu estudo.

10. DIREITO INTERNACIONAL DOS TRANSPORTES

10.1. Relevância do transporte
10.2. Direito Aeronáutico Internacional
10.3. O Direito Marítimo Internacional
10.4. O transporte ferroviário
10.5. Os transportes lacustre, fluvial e hidroviário
10.6. O transporte rodoviário

10.1. Relevância do transporte

Não se poderiam conceber operações econômicas e mercantis internacionais sem o deslocamento de pessoas ou coisas de um país para outro. Deve ter sido esse o motivo pelo qual o Direito Empresarial iniciou seus passos com o Direito Marítimo Internacional. Um dos primeiros institutos conhecidos no Direito Internacional é uma lei de origem não bem definida, denominada *Lex Rhodia de Jactu.* Por essa lei, quando o comandante do navio, ameaçado de soçobrar, julgar conveniente aliviar sua carga, poderá jogar ao mar parte dela. O prejuízo será distribuído proporcionalmente entre os proprietários das mercadorias salvas. Representa o sacrifício do interesse individual em benefício do interesse coletivo. Esse instituto sobreviveu ao tempo e encontra-se hoje na legislação de muitos países. Vamos encontrá-lo em nosso Código Comercial, no art. 764, sob o nome de *Avaria Grossa.*

Outro instituto jurídico conhecido na Antiguidade foi o *Nauticum Foenus,* ao que parece, criado na antiga Grécia. É a origem das sociedades mercantis com dois tipos de sócios, como a sociedade em comandita. Essa sociedade de interesses era formada de sócios ocultos e portadores de capital, que forneciam recursos financeiros para os sócios empreendedores mais pobres. Destarte, muitas navegações marítimas, de caráter comercial, foram empreendidas na Grécia e Roma, graças à formação desse tipo de sociedade mercantil.

Por essas e por outras razões, o transporte integrou-se às atividades econômicas internacionais, da mesma forma como o direito dos transportes integrou-se no Direito Internacional. Pertence ao ramo do Direito Contratual, de caráter mercantil, pois uma operação de transporte decorre de um contrato. É o contrato estabelecido entre duas partes: uma chamada "transportador" e a outra, "remetente" no transporte de coisas e "passageiro" no transporte de pessoas. Nosso Código Comercial, nos arts. 99 a 118, estabelecia normas bastante superadas, por ter sido promulgado em 1850, quando o Brasil dispunha de transporte deficiente e precário. Nosso Código Civil, de 2002, todavia, regulamenta esse contrato nos arts. 730 a 756, ocupando-se especificamente do contrato de transporte de pessoas nos arts. 734 a 742 e no contrato de transporte de coisas nos arts. 743 a 756.

No plano internacional o direito dos transportes está bem estruturado por numerosas convenções internacionais. Necessário se torna, contudo, analisar os diversos tipos de transporte, pois a cada tipo corresponde uma regulamentação legal. Se o transporte for civil ou militar, os critérios legais são bem diversos. O objetivo do transporte: se for de coisas ou de pessoas, ou qualquer outra alteração, obedecerá a normas variadas. A principal tipologia dos transportes é, entretanto, dividida em quatro tipos: aeronáutico, marítimo, ferroviário e rodoviário. Normalmente a questão é focalizada nesses quatro aspectos, como vamos fazer. Se o transporte se restringe a um só país, é nacional; se ultrapassa a fronteira de um país, penetrando noutro, é internacional.

10. 2. Direito Aeronáutico Internacional

Esse ramo do Direito Empresarial surgiu no século XX, mas é o que vem apresentando maior progresso, em vista do aperfeiçoamento tecnológico e da dispensa de certos entraves, como a construção de estradas. Cada vez mais tende à internacionalização mais do que os outros ramos do transporte e do direito dos transportes. Por essa razão, logo no início da aviação comercial, cuidaram os países europeus de estabelecer contatos visando a uma convenção internacional, para dirimir alguns conflitos e definir normas unificadas.

Após vários contatos, foi realizada, em 1929, a Convenção de Varsóvia, denominada Convenção para Unificação de Certas Regras Relativas ao Transporte Aéreo Internacional. A quase totalidade dos países aderiu à Convenção de Varsóvia, que passou a ser o estatuto básico da aviação comercial internacional. Essa convenção passou a ser a lei nacional do Brasil para reger o transporte aeronáutico internacional, ao ser promulgada pelo Decreto 20.704, de 24.11.1931. Esta lei é restrita, pois se aplica exclusivamente ao transporte aeronáutico civil, não militar; seu âmbito de abrangência é a aviação empresarial no plano internacional.

Embora seja de aplicação exclusivamente internacional, a Convenção de Varsóvia refletiu-se na legislação interna da maior parte dos países. No Brasil, a legislação sobre o transporte aeronáutico nacional repousa principalmente sobre o CBD – Código Brasileiro de Aeronáutica. Quase todos os países elaboraram sua lei interna baseados nos princípios da Convenção de Varsóvia, o que faz com que a legislação interna de muitos países seja bem semelhante. É interessante notar que o Direito Aeronáutico do Brasil é bem antigo e já tínhamos um código desde 1925; foi sobre esse código que foi elaborada a Convenção de Varsóvia. Em outras palavras, o direito brasileiro serviu de base para o direito internacional no campo aeronáutico, alegando alguns juristas brasileiros ser devido à influência de Santos Dumont.

Malgrado seja do ano de 1929, a Convenção de Varsóvia é bem atualizada, porquanto se foi aprimorando, e outras convenções completaram os aspectos lacunosos, prevendo os problemas que foram sendo criados pelo progresso da aviação civil. O evento mais importante foi o Protocolo de Haia, de 1955, que modificou bastante o texto de 1929. O enorme desenvolvimento do transporte aeronáutico obrigou a realização de novas convenções que estabelecessem normas a serem observadas na solução de tais novos problemas.

Assim, por exemplo, um dos problemas internacionais de delicada importância na aviação dos últimos 20 anos são os atos de terrorismo, principalmente o sequestro de aviões de passageiros. O problema provocou a realização da Convenção sobre Infrações e outros Atos Cometidos a Bordo de Aeronaves, em 1963, em Tóquio. Uma outra foi realizada em Haia, em 1970, denominada Convenção para Repressão ao Apoderamento Ilícito de Aeronaves. As medidas a serem tomadas contra atos terroristas foram previstas em 1971, na Convenção para Repressão aos Atos Ilícitos contra a Segurança da Aviação Civil, realizada em Montreal (Canadá), local em que se situam a Iata e o Icao.

O Brasil participa de quase todas as convenções internacionais sobre transporte aeronáutico e as transforma em lei nacional, a Convenção para Repressão aos Atos Ilícitos contra a Segurança da Aviação Civil, realizada em Montreal, em 1971, tornou-se lei interna brasileira, ao ser aprovada pelo Decreto legislativo 33, de 15.6.72, e promulgada pelo Decreto 72.383, de 20.6.1973.

Normas de Direito Aeronáutico

Diz o art. 22 da Constituição Federal de 1988 que compete à União legislar sobre Direito Aeronáutico e Espacial. Distingue dois ramos do direito dos ares, mas a doutrina elaborou o conceito e a abrangência de fatos que se enquadrarão em três ramos do direito dos ares: aéreo, aeronáutico e espacial.

O DIREITO AÉREO envolve a exploração do espaço aéreo para diversas finalidades, a principal delas no campo das comunicações. Nele se propagam as ondas hertzianas, os sinais de rádio, televisão, telegrama e tantas notícias que se transportam pelos ares; muitos satélites artificiais circulam sobre os países, atuando como agentes desse noticiário. Várias convenções internacionais já foram estabelecidas nesse campo, em vista da importância crescente desse tipo de comunicação, como, por exemplo, o telefone celular.

O DIREITO ESPACIAL é um ramo mais moderno na aplicação e exploração do espaço aéreo. Com as conquistas espaciais, as disputas que poderiam surgir na corrida espacial ou na chamada "guerra nas estrelas", os principais países estabeleceram contatos para a adoção de normas para a exploração do espaço sideral. Nasceu com essas convenções o Direito Espacial.

O assunto de que estamos nos ocupando é o DIREITO AERONÁUTICO; nele se enquadram os transportes aéreos, a aviação civil. O Direito Aeronáutico Internacional é constituído pela Convenção de Varsóvia e por várias outras convenções internacionais, bem como pelas decisões tomadas pelos órgãos regulamentadores do tráfego aeronáutico, como a Iata e o Icao, devendo, pois, ser acatadas as decisões desses órgãos pelas empresas aéreas brasileiras. A lei básica de nosso Direito Aeronáutico, o CBA – Código Brasileiro de Aeronáutica, reflete igualmente disposições dos acordos internacionais.

O transporte aeronáutico é o praticado com a utilização de aeronave, ou seja, todo aparelho manobrável em voo, apto a se sustentar, a circular no espaço aéreo mediante reações aerodinâmicas, e capaz de transportar pessoas ou coisas. Há aviões de diversas espécies jurídicas, apresentando a principal divisão em públicos e privados.

As aeronaves públicas são objeto do Direito Administrativo no plano interno e do Direito Internacional Público no plano externo; elas podem ser civis ou militares. Uma aeronave civil pode pertencer ao próprio Estado, ou ser alugada por ele para o serviço público. Assim, um avião de empresa privada brasileira pode ser requisitado pela União para o serviço público, como levar o presidente da República ou ministros de Estado para fora do país, em missão oficial.

Um avião é como uma pessoa: tem nome, domicílio, nacionalidade, função e até estado civil. O estado civil é a sua condição de aeronave pública e civil ou militar, ou então privada. Tem também registro, como qualquer pessoa física ou jurídica; a matrícula de uma aeronave é feita no Registro Aeronáutico Brasileiro. Se for avião utilizado no transporte internacional, o registro deve ser feito também na Iata. A nacionalidade do avião, o aspecto jurídico mais importante, é a do local do registro, e terá profunda influência na jurisdição internacional. O regime jurídico de um navio é mais ou menos semelhante ao de um avião.

Se a aeronave for pública, quer civil, quer militar, será considerada território do Estado em que estiver matriculada; é a extensão do território para fora de seus limites. Por isso, o avião público brasileiro será considerado território brasileiro em qualquer lugar em que se encontre, ainda que esteja pousado em território de outro país. Por exemplo, se no interior do avião que tiver levado o presidente da República à Argentina, ainda que esteja sobrevoando ou pousado em território argentino, for praticado um crime ou ato civil, será como se fosse praticado em território brasileiro, produzirá efeitos jurídicos no Brasil e deverá ser apreciado pela jurisdição brasileira.

Quando se tratar de aeronave privada, o critério será diferente. Ela será considerada território brasileiro enquanto estiver pousada no território brasileiro ou sobrevoando o Brasil, considerando-se Brasil também as águas territoriais brasileiras (200 milhas marítimas da costa). Será também considerada em território brasileiro enquanto estiver sobrevoando o alto-mar ou lugares abandonados. Desde, porém, que entre nas águas territoriais de outro país, será considerada em território desse país e sujeita à jurisdição do país que esteja sobrevoando.

124

Nenhum navio ou avião pode trafegar sem a bandeira do país em que estiver matriculado, ou seja, o país de sua nacionalidade. Se estiver em outro país, submete-se à jurisdição desse país e não à de seu pavilhão. Segundo a Convenção de Varsóvia, um voo internacional é aquele em que um ponto de embarque ou desembarque esteja em outro país; é possível que os dois pontos se situem num mesmo país. É o que acontece, por exemplo, no voo que atravessa o Canadá de leste a oeste; mesmo saindo e chegando a cidades do Canadá, o avião pousa em cidades dos EUA.

O transportador, ou seja, a companhia de aviação, assume contratualmente com o passageiro a obrigação de transportá-lo com segurança e conforto, levando-o incólume ao seu lugar de destino. É responsável pela segurança do passageiro e deverá indenizá-lo por qualquer prejuízo que lhe ocorra durante a viagem. O período da viagem empreendida abrange não só o momento a partir do qual o passageiro estiver em voo, mas ainda o momento a partir do qual o passageiro ultrapassa o saguão do aeroporto, até o momento em que sair do recinto do aeroporto reservado aos passageiros. Há, porém, limite nas indenizações.

ÓRGÃOS REGULADORES DO TRÁFEGO AÉREO

A Convenção de Chicago (EUA), realizada em 1944, criou dois órgãos, que estão situados na cidade de Montreal, na Canadá: a Iata e o Icao. A função de ambos os órgãos é complexa, cada um atuando no âmbito de sua competência. São legisladores, estabelecendo normas; têm funções técnicas e tecnológicas, aprovando equipamentos pelas empresas; evitam concorrência danosa entre as empresas de aviação civil.

A Iata (International Air Traffic Association) é uma associação formada por empresas de aviação civil; quase todas as empresas de navegação aérea que se dedicam ao tráfego internacional de passageiros ou de cargas fazem parte da Iata. O Icao (International Civil Aviation Organization) é formado por governos, sendo pois um órgão oficial.

10.3. O Direito Marítimo Internacional

O regime jurídico do navio não difere muito do regime das aeronaves, como também há muita correlação entre o Direito Aeronáutico e o Direito Marítimo no campo de transportes de coisas e pessoas. O navio tem nome de batismo, registro, nacionalidade, domicílio e até estado civil, ou seja, por ser civil ou militar. O domicílio do navio é o local em que ele for inscrito, e o mesmo local de inscrição determina sua nacionalidade, seu pavilhão. No ato de inscrição ele recebe o nome, que será como seu nome de batismo. Não pode o navio esconder seu nome e sua nacionalidade e deve ostentar sempre a bandeira do país em que estiver registrado.

O Direito Marítimo é bem antigo e parece ter surgido bem antes dos modernos ramos do direito. Deve ter surgido com as navegações marítimas entre os romanos, gregos, fenícios, persas e outros povos navegadores. Não se sabe a quais desses povos é atribuída a criação da antiquíssima Lex Rhodia de Jactu. No final da Idade Média e início dos tempos modernos, começaram a aparecer as compilações marítimas, códigos rudimentares de direito marítimo. A principal parece ter sido a do Consulado do Mar, um autêntico código para disciplinar os principais institutos marítimos, vigorando principalmente no Mar Mediterrâneo e nas transações com o Oriente. Importante igualmente é o aparecimento dos Rolos de Oleron, uma compilação de leis marítimas encontrada numa ilha de idêntico nome, a Compilação de Direito Marítimo de Wisby e o Guidon de la Mer.

No século XVII, quando o Direito Marítimo já estava estruturado, surgiu o Direito Empresarial (com o nome de Direito Mercantil), criação de mestres da Universidade de Bolonha, como Benevenuto Stracca, Sigismundo Scaccia e Giuseppe Casareggi. Com o desenvolvimento do Direito Empresarial, surgiu em 1807 o Código Comercial Francês, o famoso código napoleônico, incorporando nele o Direito Marítimo, absorvido pelo Direito Empresarial, como um dos seus ramos. O Direito Marítimo é muito estático, apresentando lenta evolução; por isso não conseguiu desmembrar-se do Direito Empresarial.

Tende à internacionalização, ligando-se muito ao Direito Internacional. Por essa razão, o Código Comercial de muitos países regulamenta a navegação marítima interna, mas a navegação internacional está submetida a convenções internacionais. O Código Comercial Brasileiro, calcado no seu similar francês, regulamenta o Direito Marítimo no Livro II, havendo legislação complementar pouco numerosa. É bom esclarecer que o Código Civil de 2002 eliminou o Código Comercial, mas não totalmente: permaneceu o Livro II, referente à navegação marítima.

O Brasil não subscreveu a maior parte das convenções internacionais sobre o transporte marítimo, mas é obrigado a obedecê-las para poder contratar empresas estrangeiras, principalmente europeias. Em vista dessa internacionalização das atividades marítimas, enfatizaremos as normas dessas convenções.

O transporte marítimo compreende três aspectos principais: Transporte de Pessoas, Transporte de Mercadorias e Transporte de Bagagens. O transporte de mercadorias não apresenta grandes problemas, pois tem por objetivo o traslado de coisas inanimadas. As bases do contrato de transporte são expressas no documento fornecido pelo transportador ou expedidor da mercadoria; esse documento é denominado *bill of lending* e é aceito universalmente. Ele dá ao destinatário da mercadoria o direito de retirá-la no porto de destino. No plano interno, esse título corresponde ao nosso conhecimento de transporte, regulamentado pelo Decreto 19.734, de 18.3.1931; é um título de crédito representativo da mercadoria transportada e, ao mesmo tempo, um instrumento do contrato de transporte. Não tem validade no plano internacional, devendo ser substituído pelo *bill of lending*.

No tocante ao transporte de pessoas, as responsabilidades para ambas as partes e a questão do transporte marítimo, como de qualquer outro tipo, tornam-se extremamente complexas. No dizer de alguns juristas, o navio é um universo. É a extensão do território de um país, que normalmente penetra em território estrangeiro. O contrato de transporte marítimo de passageiros é por demais complexo; o passageiro permanece no navio, que, ao mesmo tempo, atua como se fosse um hotel flutuante. Há muitos outros contratos acessórios, como o de depósito, de compra e venda, de seguros e vários outros.

As principais delas são as Convenções de Bruxelas. Em 1961 foi estabelecida a principal: Convenção Internacional para Unificação de Certas Regras em Matéria de Transporte de Passageiros por Mar. Em 1967, essa convenção foi complementada por outra, denominada Convenção Internacional para Unificação de Certas Regras em Matéria de Transporte de Bagagem de Passageiros por Mar. Essas convenções consideram como transportador uma das partes do contrato, o proprietário, afretador ou explorador do navio, que se encarrega do serviço de transporte.

Diz a Convenção de Bruxelas que as suas disposições aplicam-se aos transportes internacionais, quer efetuados por navio de bandeira do Estado participante da Convenção, quer quando, após o contrato de transporte, o lugar da partida ou o lugar do destino encontram-se em um Estado participante. Como os países de maior intercâmbio marítimo participam das Convenções, as disposições delas aplicam-se a todos os que estiverem em conexão com eles. Assim, embora o Brasil não faça parte da Convenção, se o ponto de embarque ou desembarque estiver em um dos países participantes, o navio será enquadrado nas normas convencionais.

Estabelece a Convenção a responsabilidade do transportador pela prestação do serviço, obrigando-se, pelo contrato de transporte, a trasladar o passageiro com segurança e conforto, fazendo-o chegar incólume ao lugar do destino. O artigo 4º preceitua a responsabilidade do transportador pelos prejuízos resultantes da morte ou de lesões corporais dos passageiros, se o fato gerador do prejuízo ocorreu durante o transporte e foi imputável à falha ou negligência do transportador ou de seus prepostos, agindo no exercício de suas funções. A falha ou negligência do transportador ou dos prepostos será presumida, salvo prova em contrário, arcando o transportador com o ônus da prova.

A responsabilidade do transportador, em caso de morte ou lesões corporais do passageiro, fica limitada, em todos os casos, a um montante de 250.000 francos, unidade consistente de 65,5 miligramas de ouro. O limite estabelecido será rompido se ficar demonstrado que o transportador tenha agido com dolo ou má-fé, ou seja, com a intenção de provocar o prejuízo, seja de forma temerária ou consciente de que o prejuízo poderia ser causado. As normas limitativas da responsabilidade são, perante a Convenção, de ordem pública, a exemplo de que foi adotado pela Convenção de Varsóvia sobre transportes aéreos.

Em 1967, deu-se em Bruxelas a Convenção Internacional para a Unificação de Certas Regras em Matéria de Bagagens de Passageiros por

Mar. Procurou-se então complementar a anterior, que decidira a respeito dos passageiros, o que foi muito natural, pois são contratos integrados; o contrato de bagagem não existe sem o contrato de transporte e este dificilmente existe sem aquele. Aliás, ambos são assinados na mesma ocasião, ainda que o passageiro não carregue malas, pois se consideram bagagem a roupa do corpo, um maço de cigarros, uma carteira de dinheiro, documentos.

10.4. O transporte ferroviário

O Brasil não tem, por enquanto, problemas internacionais de transporte ferroviário, por ser um país quase isolado. Está apenas unido à Bolívia, por uma estrada de ferro até Santa Cruz de la Sierra. O contrário acontece na Europa, onde países populosos e de pequena dimensão territorial se interligam em vários pontos. O problema realçou-se ainda mais com a criação da União Europeia. É, no entanto, um problema já resolvido, pois há mais de um século as normas reguladoras do transporte ferroviário vêm sendo adotadas. Rege o transporte ferroviário internacional, entre os países europeus, a Convenção de Berna sobre os Transportes Ferroviários, com as normas dessa Convenção regendo também o transporte ferroviário interno de cada país. Por iniciativa da Suíça, foram realizadas em Berna, em 1878, 1881 e 1886, três convenções preparatórias, culminando com pleno êxito na Convenção de Berna de 1890, unificando o direito dos transportes na Europa. A Convenção de Berna vem sendo revista e atualizada desde 1890. Em 1924, realizaram-se em Roma duas novas convenções, estabelecendo então dois estatutos diferentes:

CIM – Convenção Internacional sobre Transporte de Mercadorias;
CIV – Convenção Internacional sobre Transporte de Passageiros e suas Bagagens.

As duas convenções foram renovadas em Berna em 1952 e 1970. Alguns países socialistas fazem parte delas, mas outros, liderados pela antiga URSS, realizaram convenção semelhante, e quase com as mesmas cláusulas, denominada SMGS. Alguns países fazem parte das duas convenções; quando assim não acontece, há integração entre as duas, pelo recurso à analogia.

10.5. Os transportes lacustre, fluvial e hidroviário

Ao referir-se ao Direito Marítimo, o Direito Internacional não considera apenas o transporte por mar, mas por água, sendo por isso chamado também de Direito Aquaviário. Ajustam-se no transporte marítimo os transportes de mercadorias ou passageiros realizados em lagos (lacustre), em rios (fluvial) ou em canais adrede preparados para unir rios (hidroviário).

O transporte hidroviário é muito importante na Europa e provocou várias convenções, principalmente entre França e Bélgica. O transporte hidroviário é realizado em canais especialmente construídos para estabelecer conexão com rios. É o principal meio de transporte na Bélgica e na Holanda. As Convenções de Bruxelas sobre transporte marítimo aplicam-se a esses tipos de transporte, na ausência de convenções específicas sobre transporte hidroviário. Embora seja pouco praticado no Brasil, está em desenvolvimento, como por exemplo no rio Tietê, em que foram construídas várias eclusas e canais, fazendo conexão com o rio Paraná, também transformado em estrada flutuante.

10.6. O transporte rodoviário

O transporte rodoviário internacional é regido pela Convenção de Genebra de 1936, conhecida como CMR (Convention de Marchandises em Route). Tomou esta como modelo a Convenção de Berna sobre os Transportes Ferroviários, de 1952. Como acorre com os demais meios de transporte, o transporte rodoviário tende à internacionalização na maioria dos países, mormente os europeus. Vê-se, assim, por que a Convenção de Genebra sobre Transportes Ferroviários assume importância primordial.

A CMR não cogitou o transporte de passageiros, mas apenas o de mercadorias, malgrado lhe aproveitem algumas regras. Há, entretanto, projeto em andamento, para a realização da CVR (Convention Voyageurs em Route), elaborado pelo Instituto Internacional para a Unificação do Direito Privado, sediado em Roma, com a participação da ONU.

A Convenção de Genebra estabeleceu a obrigação do transportador de reparar os danos provenientes de falhas de serviço de transporte. Esse princípio estendeu-se também ao transporte de passageiros. A Convenção aplica-se, porém, apenas ao transporte internacional de caráter comercial que seja realizado por veículos apropriados e tenha pontos de partida ou chegada localizados em países diferentes.

11. AS DISPOSIÇÕES DO NOVO CÓDIGO CIVIL

11.1. Aspectos conceituais
11.2. Legislação aplicável
11.3. Transporte cumulativo
11.4. Do transporte de pessoas
   11.4.1. Responsabilidade do transportador
   11.4.2. Obrigações das partes
   11.4.3. Desistência da viagem
   11.4.4. Interrupção da viagem
   11.4.5. Penhor legal
11.5. Do transporte de coisas
   11.5.1. Embalagem da mercadoria
   11.5.2. Desistência do despacho
   11.5.3. Período de responsabilidade
   11.5.4. Entrega da carga
   11.5.5. Interrupção do transporte
   11.5.6. Entrega da coisa
   11.5.7. Destinatário duvidoso

11.1. Aspectos conceituais

Após tantos anos, ou melhor, tantos séculos, a contar da descoberta do Brasil, da vinda da família real em 1808, quando realmente começa o direito brasileiro, o contrato de transporte tem sua regulamentação, graças ao Código Civil de 2002. Este contrato está previsto em três seções, a saber:

I – Disposições Gerais – arts. 730 a 733;
II – Do transporte de pessoas – arts. 734 a 742;
III – Do transporte de coisas – arts. 743 a 756.

Pelo contrato de transporte alguém se obriga, mediante retribuição, a transportar, de um lugar para outro, pessoas ou coisas. Vê-se nesses termos conceituais que se trata de um contrato oneroso (mediante retribuição), ou seja, cria obrigações para ambas as partes: para a empresa transportadora, a obrigação de transportar; para o passageiro, a de pagar o preço da viagem. Esse tipo de contrato é também chamado de bilateral. O direito italiano chama-o de "contrato de prestações recíprocas".

O transporte exercido em virtude de autorização, permissão ou concessão rege-se pelas normas regulamentares e pelo que for estabelecido naqueles atos, sem prejuízo nas disposições do Código Civil. Esta questão se trata de problema de Direito Administrativo, pois a empresa transportadora pode ser permissionária, autorizatária ou concessionária.

A concessão é um contrato entre o Poder Público e a empresa concessionária, em que o primeiro confere ou empresta à segunda o direito de explorar determinado serviço ao público. Às vezes, a concessão confere também um privilégio, que constitui um monopólio restrito. Como exemplo, uma prefeitura confere a uma empresa o privilégio de explorar o transporte urbano da cidade, exercendo monopólio desse serviço.

A permissão é mais simples e tem o sentido de licença. Uma empresa transportadora quer exercer suas atividades e requer licença ao Poder Público para exercê-las; o Poder Público lhe dá o consentimento para que ela funcione. A autorização é mais simples ainda. É a aprovação para praticar atos que legalmente não deveriam ser praticados. A Lei 8.957/95 dispôs sobre o regime de prestação de serviços públicos, previsto no artigo 175 da Constituição Federal. Complementando essa questão, o Decreto 2.521/98 dispõe sobre a exploração, mediante permissão e autorização, de serviços de transporte rodoviário interestadual e internacional coletivo de passageiros.

11.2. Legislação aplicável

Nos contratos de transporte em geral, são aplicáveis, quando couber, desde que não contrariem as disposições do Código Civil, os preceitos constantes da legislação especial e de tratados e convenções internacionais. O Código Civil é, portanto, a base jurídica do direito dos transportes, mas complementado por leis especiais. Já fizemos amplas considerações sobre essas leis e, logo no Capítulo 1, uma relação das principais. Integram ainda a legislação dos transportes as normas emanadas de órgãos específicos, como a ANTT – Agência Nacional dos Transportes Terrestres, a SUNAMAM – Superintendência Nacional da Marinha Mercante e a Anac – Agência Nacional de Aviação Civil.

As convenções internacionais também fazem parte dessa legislação, mormente no transporte internacional. Não é muito grande o número dessas convenções, por ser o Brasil um país isolado. Até mesmo com seus vizinhos há poucas estradas, o que não exige tratados entre esses países. Vigora em nosso país a Convenção de Varsóvia sobre transportes aeronáuticos, que prepondera em todo o mundo. No transporte terrestre, tanto rodoviário como ferroviário, há poucas vias de contato.

11.3. Transporte cumulativo

Nos contratos de transporte cumulativo, cada transportador se obriga a cumprir o contrato relativamente ao respectivo percurso, respondendo pelos danos nele causados a pessoas ou coisas. O dano resultante do atraso ou da interrupção da viagem será determinado em razão da totalidade do percurso, e a responsabilidade solidária estender-se-á ao substituto. Podemos citar como sugestivo exemplo os contatos pelos lagos andinos do Chile com a Argentina, seja por transporte de cargas como de passageiros: o passageiro pega um ônibus e chega a um lago; lá é obrigado a descer e atravessar o lago por navio; depois desce do navio, pega outro ônibus e vai até o ponto final do ônibus, pegando outro navio e assim por diante. Cada navio e cada ônibus pertencem a transportadores diferentes, mas, se houver acidente em algum desses ônibus ou algum desses navios, a responsabilidade recai sobre todos os transportadores, que respondem solidariamente pelos danos.

O transporte cumulativo foi um tipo de transporte pouco considerado até poucos anos atrás. Com o advento da era da globalização e internacionalização da economia, o desenvolvimento dos meios de transporte e a interiorização observada nos países costeiros, o transporte cumulativo adquiriu outra posição. Seu realce chegou a ponto de fazê-lo merecer legislação especial, como aconteceu no Brasil com a Lei 9.611/98. Adquiriu os nomes de modal, multimodal e intermodal. É o transporte realizado com a utilização de vários meios de transporte, entre a origem e o destino. No transporte cumulativo há unicidade de contrato e pluralidade de transportadores. O transporte modal é o comum. O transporte multimodal é regido por um único contrato, mas utiliza dois ou mais meios de transporte sob a responsabilidade única de um operador de transporte modal (OTM). O transporte intermodal é aquele em que o remetente celebra contratos distintos com cada um dos transportadores, cada qual responsabilizando-se só pelo trajeto contratado.

No transporte cumulativo, todos os transportadores respondem solidariamente pelo dano causado perante o remetente, ressalvada a apuração final da responsabilidade entre eles, de modo que o ressarcimento recaia, por inteiro ou proporcionalmente, naquele ou naqueles em cujo percurso houver ocorrido o dano (CC. 756). O transporte cumulativo sempre emprega duas modalidades de transporte, seja aquaviário (marítimo, fluvial, lacustre ou hidroviário), seja terrestre (ferroviário, rodoviário).

Como essa questão está adquirindo sensível relevância, preferimos dedicar ao transporte cumulativo um capítulo especial, inclusive invocando a Lei 9.611/98, que o regulamenta.

11.4. Do transporte de pessoas

11.4.1. Responsabilidade do transportador

O transportador responde pelos danos causados às pessoas transportadas e suas bagagens, sendo nula qualquer cláusula excludente de responsabilidade, salvo motivo de força maior. A isenção de responsabilidade do transportador por acidente já tinha sido vetada muitos anos antes do Código Civil por várias leis. Há mais de 20 anos a Súmula 161 do Supremo Tribunal Federal estabeleceu:

> *Em contrato de transporte, é inoperante a cláusula de não indenizar.*

A responsabilidade do transportador é uma responsabilidade de risco, uma responsabilidade objetiva. Se ele assumiu o encargo de transportar passageiro são e salvo, do lugar da partida ao do destino, ele deve cumprir esse encargo. Se ele não cumpriu esse encargo, cabe-lhe a culpa pelo fracasso. Nesses termos, ele deve indenizar os prejuízos causados ao passageiro, ou, se for o caso, à carga. E não pode se livrar dessa responsabilidade; é um princípio de ordem pública e a cláusula de não indenizar é um pacto entre partes privadas que não pode derrogar uma lei de ordem pública: *Lex publica privatorum pactis derrogare non potest.*

Afora esse princípio, deve-se levar em conta ser o contrato de transporte e um contrato de adesão. O passageiro ou o remetente é a parte mais fraca e normalmente assina ou aceita o contrato de boa-fé, na esperança de que a lei não permita que ele seja tapeado. Podemos dizer que esse princípio está assegurado pelo art. 113 de nosso Código Civil:

> *Os negócios jurídicos devem ser interpretados conforme a boa-fé e os usos do lugar de sua celebração.*

Por outro lado, se o direito e a lei impõem rigidamente ao transportador a obrigação de indenizar, dão-lhe também meios de defesa. É lícito ao transportador exigir a declaração do valor da bagagem a fim de fixar o limite da indenização. Destarte, não fica ao sabor do passageiro a exigência do valor de sua indenização, pois a responsabilidade da empresa transportadora fica limitada ao valor da bagagem, declarada no contrato. Se o passageiro der à bagagem valor mais elevado, a empresa transportadora terá o direito de exigir a abertura da bagagem e cobrar taxa extra sobre o valor declarado.

Não se subordina às normas do contrato de transporte o feito gratuitamente, por amizade ou por cortesia. Não se considera gratuito o transporte quando, embora feito sem remuneração, à empresa transportadora aufere vantagens indiretas. A elisão da responsabilidade da empresa transportadora justifica-se por não haver contrato, e a responsabilidade é contratual. Se alguém viaja sem pagar o preço da passagem, não é um passageiro, mas apenas um viajante. Ele não celebrou contrato de transporte com a empresa transportadora, portanto, esta não assumiu compromissos para com ele, a menos que tenha havido dolo ou má-fé.

Outro caso de isenção é o de caso fortuito ou força maior. Como é responsabilidade objetiva, caberá à empresa transportadora provar essa ocorrência.

Há um pronunciamento legal delicado, que dará margem a muitas situações e, até agora, tem provocado jurisprudência contrastante: a responsabilidade contratual do transportador por acidente com o passageiro não é elidida por culpa de terceiro, contra o qual tem ação regressiva. Essa norma não é corroborada por outras leis, como as que regulam outros meios de transporte. Por exemplo, dois desafetos pegam um veículo; um saca uma arma e fere o outro: o transportador será responsável pelos danos? Este assunto encerra muitos pontos discutíveis e com muitos matizes.

11.4.2. Obrigações das partes

A empresa transportadora está sujeita aos horários e itinerários previstos, sob pena de responder por perdas e danos, salvo motivo de força maior. Realmente, a empresa de transporte coletivo de passageiros não é livre no estabelecimento de suas atividades. Uma empresa de ônibus de São Paulo, por exemplo, deve servir a uma linha determinada, como Centro-Penha, e não escolher as linhas de sua preferência. Deve manter certo número de veículos, com horários pré-estabelecidos, de tal forma que a clientela não seja malservida.

A pessoa transportada deve sujeitar-se às normas estabelecidas pela transportadora, constantes no bilhete de passagem ou afixadas à vista dos usuários, abstendo-se de quaisquer atos que causem incômodo ou prejuízos ao passageiro, danifiquem o veículo, ou dificultem ou impeçam a execução normal do serviço. Se o prejuízo sofrido pela pessoa transportada for atribuível à transgressão de normas e instruções regulamentares, o juiz reduzirá equitativamente a indenização na medida em que a vítima houver concorrido para a ocorrência do dano (art. 738 do Código Civil).

Se a lei impõe à empresa transportadora o dever de zelar pela segurança do passageiro, este deve colaborar com a transportadora no tocante à sua segurança, obedecendo às normas impostas pelo Poder Público. Assim, por exemplo, o transportador deve manter o passageiro orientado sobre as normas necessárias à sua segurança e ao seu conforto, afixando, nos terminais de embarque e desembarque, cartazes de orientação. No bilhete de passagem, normalmente estão impressas essas recomendações. Se essas normas são divulgadas ao passageiro é para que ele as obedeça; essa obediência faz parte do contrato de transporte: é um dos deveres contratuais do passageiro. Se ele desobedecer a essas normas estará infringindo o contrato e poderá perder certos direitos de indenização.

O transportador não poderá recusar passageiro, salvo os casos previstos nos regulamentos, ou se as condições de higiene ou de saúde do interessado o justificarem (art. 739 do Código Civil). É um princípio geral do direito contratual o de que quem coloca um serviço à disposição do público não pode recusar-se a atender um cliente sem motivo previsto em lei. Por exemplo, uma loja de calçados expõe sapatos numa vitrina com o preço, o que representa uma oferta de contrato de venda. Essa loja não pode recusar-se a vender o produto ofertado a quem se dispuser a pagar o preço dele. Esse princípio fica mais reforçado no contrato de transporte, por ser contrato de adesão. A empresa transportadora poderá negar o transporte ao passageiro que se portar de forma inconveniente, como em estado de embriaguez, maltrapilho ou sem camisa, em traje de banho, importunar os demais passageiros, danificar um veículo.

11.4.3. Desistência da viagem

O passageiro tem direito de rescindir o contrato de transporte antes de iniciada a viagem, sendo-lhe devida a restituição do valor da passagem, desde que feita a comunicação à empresa transportadora em tempo de ser negociada. Ao passageiro é facultado desistir do transporte, mesmo depois de iniciada a viagem, sendo-lhe devida a restituição do valor correspondente ao trecho não utilizado, desde que provado que outra pessoa haja sido transportada em seu lugar. Não terá o direito ao reembolso do valor da passagem o usuário que deixar de embarcar, salvo se provado que outra pessoa foi transportada em seu lugar, caso em que lhe será restituído o valor do bilhete não utilizado. Nessas hipóteses, o transportador terá o direito de reter até 5% da importância a ser restituída ao passageiro, a título de multa compensatória (art. 740 do Código Civil).

É um direito do passageiro o de desistir da viagem contratada, ou seja, rescindir o contrato de transporte antecipadamente. Deve, porém, ser respeitado o direito da empresa transportadora, para que ela não tenha prejuízo, por não lhe caber culpa na rescisão. Destarte, se o passageiro desiste da viagem, deve colocar a passagem à disposição da empresa transportadora, para que esta a negocie com outro passageiro, mas deve fazê-lo a tempo, vale dizer, dando um prazo suficiente para a renegociação. A multa pela desistência é bem módica e se destina a ressarcir a empresa transportadora pelos custos de venda e cancelamento da passagem.

11.4.4. Interrupção da viagem

Interrompendo-se a viagem por qualquer motivo alheio à vontade do transportador, ainda que em consequência de evento imprevisível, fica ele obrigado a concluir o transporte contratado em outro veículo da mesma categoria, ou, com a anuência do passageiro, por modalidade diferente, à sua custa, correndo também por sua conta as despesas de estada e alimentação do usuário, durante a espera do novo transporte (art. 741 do Código Civil).

A aplicação dessa norma foi muito comum no ano de 2007, no transporte aeronáutico em todo o Brasil, especialmente em São Paulo. Quase todos os voos sofreram interrupção ou considerável atraso. Digamos que um avião deveria alçar voo às 9 horas e só consegue sair às 15 horas; neste caso, a empresa transportadora deverá dar o almoço ao passageiro. Se o voo sair no dia seguinte ou com atraso considerável, a transportadora deverá alojar o passageiro num hotel.

11.4.5. Penhor legal

O transportador, uma vez executado o transporte, tem direito à retenção sobre a bagagem do passageiro e outros objetos pessoais deste, garantindo-se do pagamento do valor da passagem que não tiver sido feito no início ou durante o percurso (art. 742 do Código Civil). A bagagem transforma-se em garantia da dívida do passageiro. A lei concede à empresa transportadora a faculdade de constituir essa garantia: um verdadeiro penhor, chamado de "penhor legal". Esse instituto está previsto nos arts. 1.467 a 1.472 de nosso Código Civil.

O penhor legal surge em razão de uma imposição legal, com o objetivo de assegurar o pagamento de uma dívida de que alguém seja credor. Por sua natureza reclama tratamento especial. Estabelece a lei que são credores pignoratícios, independentemente de acordo, os que preencherem as condições e formalidades legais; estes podem apossar-se dos bens do devedor, retirando-os da posse deste, para estabelecer direito real sobre os bens, revestido de sequela, preferência ou ação real, exercitável *erga omnes*.

11.5. Do transporte de coisas

11.5.1. Embalagem da mercadoria

A coisa, entregue ao transportador, deve estar caracterizada por sua natureza, valor, peso e quantidade, e o mais que for necessário para que não se confunda com outras, devendo o destinatário ser indicado ao menos pelo nome e endereço (art. 743 do Código Civil). A embalagem em que as mercadorias se encontram precisam individualizar bem o objeto para evitar enganos que possam comprometer a empresa transportadora. No conhecimento de transporte devem constar as características do pacote, engradado, caixote ou outra forma de embalagem, no interesse de ambas as partes do contrato.

Ficará assim devidamente identificada a coisa despachada. Ao receber a carga, a empresa transportadora emitirá conhecimento de transporte com a menção dos dados que a identifiquem, desde que seja obedecido o disposto em lei especial. O transportador poderá exigir que o remetente lhe entregue, devidamente assinada, a relação discriminada das coisas a serem transportadas, em duas vias, uma das quais, devidamente autenticada por ele, ficará fazendo parte integrante do conhecimento (art. 744 do Código Civil). É conveniente repetir que o conhecimento de transporte é o documento emitido pela empresa transportadora e entregue ao remetente ou ao destinatário da carga, comprovando a entrega da coisa a ser despachada e a celebração do contrato de transporte. A importância desse documento é realçada e reforçada com a faculdade que a lei confere à empresa transportadora de exigir a relação dos bens componentes da embalagem.

Em caso de informação inexata ou falsa descrição no conhecimento de transporte, será o transportador indenizado pelo prejuízo que sofrer, devendo a ação respectiva ser ajuizada no prazo de 120 dias, a contar daquele ato, sob pena de decadência (art. 745 do Código Civil). É responsabilidade atribuída ao remetente, obrigando-o a agir de boa-fé, como é previsto nos arts. 113 e 112 do Código Civil. Não agindo de boa-fé, como será o caso de prestar informações falsas sobre a carga transportada, poderá o remetente ser obrigado a ressarcir os prejuízos que causar à empresa transportadora.

Casos há em que a empresa transportadora, para evitar potenciais prejuízos, pode recusar-se a prestar o serviço de transporte. Poderá o transportador recusar a coisa cuja embalagem seja inadequada, bem como que possa pôr em risco a saúde das pessoas, ou danificar o veículo e outros bens (art. 746 do Código Civil). O transportador deverá obrigatoriamente recusar a coisa cujo transporte ou comercialização não sejam permitidos, ou que venha desacompanhada dos documentos exigidos por lei ou regulamento (art. 747 do Código Civil). É o caso do transporte de plantas ou animais; esse tipo de carga poderá espalhar doenças ou pragas e causar danos a pessoas ou a outras coisas. Para coisas desse tipo há necessidade de embalagem especial, atestado de órgãos da Saúde Pública e outras exigências. Representa grave risco o transporte de produtos químicos, como ácidos, álcool, combustíveis e até desodorante *spray*. Ficou famoso o acidente, há anos atrás, em Goiânia, em que material radioativo mal acondicionado rompeu a embalagem de segurança, causando morte e sérios prejuízos ambientais.

11.5.2. Desistência do despacho

Até a entrega da coisa, pode o remetente desistir do transporte e pedi-la de volta, ou ordenar que seja entregue a outro destinatário, pagando, em ambos os casos, os acréscimos da despesa decorrentes da contra-ordem, mais as perdas e danos que houver (art. 748 do Código Civil). É a cláusula do arrependimento, como acontece no transporte de passageiros. Razões posteriores podem levar o remetente a voltar atrás na sua decisão de remeter uma carga e ele pode pedir o cancelamento do compromisso, recebendo a carga de volta. Poderá ainda combinar com a empresa transportadora a mudança do destinatário. Deverá, entretanto, ressarcir a empresa de transportes dos gastos e possíveis prejuízos que essa mudança acarretar.

11.5.3. Período de responsabilidade

A responsabilidade do transportador, limitada ao valor do conhecimento de transporte, começa no momento em que ele, ou seus prepostos, recebem a coisa; termina quando é entregue ao destinatário, ou depositada em juízo, se aquele não for encontrado (art. 750 do Código Civil). A coisa depositada ou guardada nos armazéns do transportador, em virtude de contrato de transporte, rege-se, no que couber, pelas disposições relativas ao depósito (art. 751 do Código Civil). Estamos falando aqui sobre o período em que vigora responsabilidade da empresa transportadora sobre a carga despachada; esse período vai do momento em que ela é recebida para ser transportada até o momento em que o destinatário a recebe. Surge então um problema: e se o destinatário não vem retirar a mercadoria, ainda que avisado? Nessas condições, aplicam-se a essa situação as normas referentes ao contrato de depósito; esse contrato é bastante antigo e já era previsto no Código Civil de 1916. No atual, está nos arts. 627 a 652, portanto, em 26 artigos, o que representa longa e minuciosa regulamentação. Embora se trate de contrato gratuito, o depósito de carga é resultante de contrato de transporte, que é empresarial; assim sendo, a empresa de transporte terá direito a cobrar taxa de armazenamento. Há outro problema ainda: e se o destinatário não retirar a mercadoria, deixando-a como em abandono e esta se perder? Como fica a responsabilidade da transportadora? Faculta a lei à transportadora mover em juízo ação de depósito, o que nos parece solução antiquada e custosa, impondo ônus a quem não cabe culpa pelo transtorno causado. Ha, portanto, muitos aspectos a serem definidos na legislação dos transportes.

11.5.4. Entrega da carga

Desembarcadas as mercadorias, o transportador não é obrigado a dar aviso ao destinatário, se assim não for convencionado, dependendo também de ajuste a entrega em domicílio, e devem constar do conhecimento de embarque as cláusulas de aviso ou de entrega em domicílio (art. 752 do Código Civil). A forma de entrega da mercadoria e consequente resolução do contrato de transporte estarão no conhecimento de transporte (chamado também de conhecimento de embarque), apresentando três situações):

– o destinatário deverá comparecer ao local da entrega e retirá-la;
– a empresa transportadora enviará aviso ao destinatário pondo a carga à disposição dele;
– a empresa transportadora entregará a carga no domicílio do destinatário.

11.5.5. Interrupção do transporte

Se o transporte não puder ser feito ou sofrer longa interrupção, o transportador solicitará, incontinente, instruções ao remetente, e zelará pela coisa, por cujo desaparecimento ou deterioração responderá, salvo força maior. Perdurando o impedimento, sem motivo imputável ao transportador e sem manifestação do remetente, poderá aquele depositar a coisa em juízo, ou vendê-la, desde que obedecidos os preceitos legais e regulamentares, ou os usos locais, depositando o valor. Se o impedimento for responsabilidade do transportador, este poderá depositar a coisa por sua conta ou vendê-la, se for perecível. Em ambos os casos, o transportador deve informar o remetente da efetivação de depósito ou da venda. Se o transportador mantiver a coisa depositada em seus próprios armazéns, continuará a responder pela sua guarda e conservação, sendo-lhe devida, porém, uma remuneração pela custódia, a qual poderá ser contratualmente ajustada ou se conformará aos usos adotados em cada sistema de transporte (art. 753 do Código Civil).

Da mesma forma que pode acontecer a interrupção do transporte de passageiros, pode ocorrer também do de coisas, mas o regime de responsabilidade do transportador é um pouco diferente. Se a interrupção for longa, a empresa de transportes deverá consultar o remetente sobre o que fazer com a carga e, se não obtiver respostas, caberá a ela tomar decisões para evitar a deterioração da coisa. Poderá vendê-la e depositar o valor da venda em juízo. Esta solução é irracional perante nossos atuais costumes, mas poderá a empresa transportadora depositar o valor na conta bancária do remetente. O mais lógico seria localizar o remetente e agir em comum acordo. Se não lhe couber culpa pela interrupção, a empresa transportadora conservará a carga em seus armazéns e poderá cobrar taxa pela guarda, compatível com os costumes do local e do momento.

11.5.6. Entrega da coisa

As mercadorias devem ser entregues ao destinatário, ou a quem apresentar o conhecimento de transporte endossado, devendo aquele que as receber conferi-las e apresentar as reclamações que tiver, sob pena de decadência do direito. No caso de perda parcial ou de avaria não perceptível à primeira vista, o destinatário conserva a sua ação contra o transportador, desde que denuncie o dano em dez dias a contar da entrega (art. 754 do Código Civil).

Um dos efeitos do conhecimento de transporte é o de garantir o direito de posse da carga. Quem detiver esse título na mão poderá reclamá-la na empresa de transporte que detenha a carga nele mencionada. É considerado legalmente título de crédito, malgrado alguns juristas discordem dessa atribuição. Uma das características do título de crédito é a circulabilidade por endosso. Quem constar nele como destinatário poderá transferi-lo para outrem por endosso.

Quem retirar a mercadoria da empresa transportadora deverá examinar devidamente a embalagem, pois, se a receber sem protesto, presumir-se-á que ela estava em ordem. Se constatar depois alguma avaria, deverá reclamar no prazo de dez dias, sob pena de decadência. Note-se que nossa lei fala em decadência e não em prescrição.

11.5.7. Destinatário duvidoso

Havendo dúvida acerca de quem seja o destinatário, o transportador deve depositar a mercadoria em juízo, se não lhe for possível obter instruções do remetente. Se a demora puder ocasionar a deterioração da coisa, o transportador deverá vendê-la, depositando o saldo em juízo (art. 755 do Código Civil). Sendo o conhecimento de transporte um título endossável, o destinatário poderá ser quem for indicado como tal nesse documento. Se houver vários endossos, deverá ser o último endossatário. Aplicam-se nesse caso as normas do Direito Cambiário, mais precisamente, a Convenção de Genebra sobre Letra de Câmbio e Nota Promissória.

Se dúvidas houver, deverá a empresa transportadora contatar o remetente para agir de comum acordo. Se não for possível contatar o remetente, restam-lhe duas alternativas. Se for mercadoria perecível, poderá vendê-la, colocando o valor da venda à disposição do remetente, cujo nome consta do conhecimento. Se não for perecível, deverá depositá-la em juízo, por meio da ação de depósito. Apesar de nosso Código Civil apontar a solução judiciária desses problemas, a prática recomenda outras soluções. A melhor delas será a conservação da mercadoria nos armazéns da empresa transportadora e poderá cobrar a taxa de conservação. A solução apontada pelo Código Civil seria a ação denominada "Do Pagamento em Consignação", prevista nos arts. 334 a 345 do atual Código Civil.

12. DO TRANSPORTE CUMULATIVO

12.1. Aspectos conceituais
12.2. Do Operador de Transporte Multimodal
12.3. Do Conhecimento de Transporte Multimodal de Cargas
12.4. Da responsabilidade do Operador de Transporte Multimodal
12.5. Exclusão da responsabilidade
12.6. Limitação da responsabilidade
12.7. Recurso à arbitragem
12.8. A legislação aplicável
12.9. Do transporte intermodal

12.1. Aspectos conceituais

Já traçamos algumas linhas sobre o transporte cumulativo, nos diversos tipos de transportes, mas devemos fazer dele um estudo especial ante a importância e abrangência que vem adquirindo. Sua importância realçou-se ainda mais quando mereceu regulamentação especial pela Lei 9.611/98, que dispõe sobre o transporte multimodal de carga. O transporte cumulativo é marcado pela unicidade de contrato e pluralidade de transportadores, todos vinculados ao passageiro ou ao dono dos bens transportados, razão pela qual respondem pelo todo solidariamente. Vigora no transporte cumulativo a obrigação de resultado, ou seja, o transportador se obriga a transportar cargas até o ponto do destino, entregando-a em ordem ao destinatário. Se ele não cumprir essa obrigação, não atingiu o resultado e por isso será responsável. O transporte cumulativo tomou, no direito moderno, designações fracionadas de *transporte multimodal de cargas* e *transporte intermodal de cargas*, sendo o primeiro o mais comum e importante.

A própria Lei 9.611/98 nos dá um conceito do que seja o transporte multimodal de carga: é o que, regido por um único contrato, utiliza duas ou mais modalidades de transporte, desde a origem até o destino, e é executado sob a responsabilidade única de um transportador, denominado Operador de Transporte Multimodal.

O transporte multimodal de carga pode ser nacional ou internacional, segundo os mesmos critérios do Código Brasileiro de Aeronáutica e de outras leis. É nacional quando os pontos de embarque e destino estiverem situados em território nacional. É internacional quando o ponto de embarque ou de desembarque estiver situado fora do território nacional. Há porém uma hipótese, embora meio rara, em que ambos os pontos estejam num mesmo país e, entretanto, é internacional; é quanto, entre o ponto de embarque e o de desembarque, houver parada em outro país. É o que ocorre no Canadá: o veículo que atravessa o país vai parando em vários locais dos EUA.

O Transporte Multimodal de Cargas compreende, além do transporte em si, os serviços de coleta, unitização, desunitização, movimento, armazenagem e entrega da carga ao destinatário, bem como a realização dos serviços correlatos que forem contratados ante a origem e o destino, inclusive os de consolidação e desconsolidação documental de cargas.

Para maior segurança na terminologia adotada, com várias denominações do tipo de transporte, cada um com sua designação, que nem sempre é adotada de maneira uniforme, mas quase todas enquadradas na categoria de transporte cumulativo, vamos dar alguns conceitos:

– **Transporte modal** – É o comum; consiste na utilização de apenas um meio de transporte.

– **Transporte multimodal** – Faz a utilização de duas ou mais modalidades de transporte, desde a origem até o destino da carga, regida por um único contrato de transporte e sob a exclusiva responsabilidade do Operador de Transporte Multimodal.

– **Transporte intermodal** – Faz uso de duas ou mais modalidades de transporte em uma mesma operação, mas em contratos distintos com cada um dos transportadores, cada qual responsabilizando-se só pelo trajeto contratado.

– **Transporte combinado (ou segmentado)** – Adicionam-se elementos de outros modos de transporte, com vários transportadores, mas em responsabilidade solidária.

O Operador de Transporte Multimodal poderá ser transportador ou não transportador; neste último caso, ele atua como agente de transporte, contratando em nome de seu cliente com vários transportadores. Destarte, poderá ou não ter frota própria.

Por analogia, as normas referentes ao transporte multimodal de carga aplicam-se também ao transporte de passageiros.

12.2. Do Operador de Transporte Multimodal

A Lei 9.611/98 criou nova figura jurídica: o Operador de Transporte Multimodal. É a pessoa jurídica contratada como principal para a realização do transporte multimodal de carga, da origem ao destino, por meios próprios ou por intermédio de terceiros. O Operador de Transporte Multimodal poderá ser transportador ou não transportador, podendo ter frota própria ou servir-se da frota de seus transportadores contratados.

Sendo pessoa jurídica, é uma empresa, que poderá ser mercantil ou civil (no nosso Código Civil seria "sociedade empresária" e "sociedade simples"). Não pode ser empresa individual (empresário), mas coletiva, embora haja dúvida se o empresário individual seja pessoa jurídica ou não. Como o transporte é um serviço prestado sob o regime de empresa, acreditamos que o Operador de Transporte Multimodal seja prestador de serviços, e, assim, poderá ser sociedade simples.

O exercício da atividade de Operador de Transporte Multimodal depende de prévia habilitação e registro no órgão federal designado na regulamentação da Lei 9.611/98, que foi feita pelo Decreto 3.411/2000. O órgão de registro é a ANTT – Agência Nacional de Transportes Terrestres, do Ministério dos Transportes. Esse Ministério é o órgão responsável pela política de Transporte Multimodal de Cargas nos segmentos nacional e internacional. Fica ressalvada a legislação vigente, ou seja, as normas diversas sobre este assunto, como as normas emanadas da ANTT.

Também se aplicam ao Transporte Multimodal de Cargas os tratados internacionais, como o acordo entre os quatro países do Mercosul sobre essa questão (promulgado pelo Decreto 1.563/95, transformando-se em lei nacional). Quando por tratado, acordo ou convenção internacional firmado pelo Brasil, o Operador de Transporte Multimodal puder, nessa qualidade, habilitar-se a operar em outros países, deverá atender aos requisitos que forem exigidos em tais tratados, acordos ou convenções.

12.3. Do Conhecimento de Transporte Multimodal de Cargas

Esse tipo de transporte tem seu conhecimento com características especiais, como também o nome especial de Conhecimento de Transporte Multimodal de Cargas; ele fica regido pelo decreto referente ao contrato de transporte, mas também pelas normas especiais previstas pela Lei 9.611/98. O Conhecimento de Transporte Multimodal de Cargas evidencia o contrato de transporte multimodal e rege toda a operação de transporte desde o recebimento da carga até a sua entrega no destino, podendo ser negociável ou não negociável a critério do expedidor. Como já foi dito, o conhecimento de transporte pode ser cedido por meio do endosso.

Cabe ao Operador de Transporte Multimodal emitir o Conhecimento de Transporte Multimodal de Cargas; a emissão dele e o recebimento da carga pelo Operador de Transporte Multimodal dão eficácia ao contrato de transporte Multimodal. Esse conhecimento apresentará as características e dados próprios deste documento, devendo explicar o valor dos serviços prestados no Brasil e no exterior. Deverá conter: 1 – a indicação "negociável" ou "não negociável" na via original, podendo ser emitidas outras vias, não negociáveis; 2 – o nome, a razão ou denominação social e o endereço do emitente, do expedidor, bem como do destinatário da carga ou daquele que deva ser notificado, quando não nominal; 3 – a data e o local da emissão; 4 – os locais de origem e destino; 5 – a descrição da natureza da carga, seu acondicionamento, marcas particulares e número de identificação da embalagem ou da própria carga, quando não embalada; 6 – a quantidade de volumes ou de peças e o seu preço bruto; 7 – o valor do frete; 8 – o valor do frete com a indicação "pago na origem" ou "a pagar no destino"; 9 – outras cláusulas que as partes acordarem.

O Operador do Transporte Multimodal, no ato do recebimento da carga, deverá lançar ressalvas no conhecimento se julgar inexata a descrição da carga feita pelo expedidor. E também se a carga ou sua embalagem não estiverem em perfeitas condições físicas, de acordo com as necessidades peculiares ao transporte a ser realizado.

Os documentos emitidos pelos subcontratados do Operador de Transporte Multimodal são sempre a favor deste. Os subcontratados são as diversas empresas transportadoras que executarão o serviço de transporte e contratam os serviços com o Operador de Transporte Multimodal.

12.4. Da responsabilidade do Operador de Transporte Multimodal

Com a emissão do Conhecimento de Transporte Multimodal de Cargas, o operador assume perante o contratante, vale dizer, o remetente, duas responsabilidades primordiais:

I – pela execução dos serviços de transporte multimodal de carga, por conta própria ou de terceiros, do local em que as receber até a sua entrega no destino;

II – pelos prejuízos resultantes de perda, danos ou avaria às cargas, sob sua custódia, assim como pelos decorrentes de atraso em sua entrega, quando houver prazo acordado.

No caso de avaria na carga transportada será lavrado o "Termo de Avaria", assegurando-se às partes interessadas o direito de vistoria, de acordo com a legislação aplicável, sem prejuízo da observância das cláusulas do contrato de seguro quando houver.

O Operador de Transporte Multimodal é responsável pelas ações ou omissões de seus empregados, agentes, prepostos ou terceiros contratados ou subcontratados, para se ressarcir do valor da indenização que houver pago.

A responsabilidade do Operador de Transporte Multimodal cobre o período compreendido entre o instante do recebimento da carga e a ocasião da sua entrega ao destinatário. Essa regra cessa quando do recebimento da carga pelo destinatário, sem protestos ou ressalvas.

O atraso na entrega ocorre quando as mercadorias não forem entregues dentro do prazo expressamente acordado entre as partes ou, na ausência desse acordo, dentro de prazo que possa, razoavelmente, ser exigido do Operador de Transporte Modal, tomando em consideração as circunstâncias do caso. Se as mercadorias não forem entregues dentro de 90 dias corridos depois da data da entrega estabelecida, de conformidade com o disposto na lei, o consignatário ou qualquer pessoa com direito de reclamar as mercadorias poderá considerá-la perdida.

O Operador de Transporte Multimodal informará ao expedidor (remetente), quando solicitado, o prazo previsto para a entrega da mercadoria ao destinatário e comunicará, em tempo hábil, sua chegada ao destino. A carga ficará à disposição do interessado, após a conferência de descarga, pelo prazo de 90 dias, se outra condição não for pactuada. Findo esse prazo, a carga poderá ser considerada abandonada. No caso de bem perecível ou produto perigoso, esse prazo poderá ser reduzido, conforme a natureza da mercadoria, devendo o Operador de Transporte Multimodal informar o fato ao expedidor e ao destinatário.

12.5. Exclusão da responsabilidade

O Operador de Transporte Multimodal e seus subcontratados somente serão liberados de sua responsabilidade em razão de cinco motivos:

1. ato ou fato imputável ao expedidor ou ao destinatário da carga;
2. inadequação da embalagem, quando imputável ao expedidor da carga;
3. vício próprio ou oculto da coisa;
4. manuseio, embarque, estiva ou descarga executados diretamente pelo expedidor, destinatário ou consignatário da carga, ou ainda pelos seus agentes ou prepostos;
5. força maior ou caso fortuito.

Inobstante as excludentes de responsabilidade previstas na Lei, o Operador de Transporte Multimodal e seus subcontratados serão responsáveis pela agravação das perdas e danos a quem devem causa.

Quando a perda, dano ou atraso na entrega da mercadoria ocorrer em um segmento de transporte claramente identificado, o operador do referido segmento será solidariamente responsável com o Operador de Transporte Multimodal, sem prejuízo do direito de regresso deste último pelo valor que haja pago em razão de sua responsabilidade solidária.

Os operadores de terminais, armazéns e quaisquer outros que realizarem operações de transbordo são responsáveis perante o Operador de Transporte Multimodal de Cargas que emitiu o Conhecimento de Transporte Multimodal de Cargas, pela perda e pelos danos provocados às mercadorias quando da realização das referidas operações, inclusive de depósito. Essa responsabilidade de terceiros não elide, porém, a do Operador de Transporte Multimodal de Cargas.

Por outro lado, há a contrapartida. O expedidor, sem prejuízo de outras sanções previstas em lei, indenizará o Operador de Transporte Multimodal por perdas, danos e avarias resultantes de inveracidade na declaração da carga ou de inadequação de elementos que lhe compete fornecer para a emissão do conhecimento, sem que esse dever de indenizar exima ou atenue a responsabilidade do operador, nos termos previstos na Lei 9.611/98.

As ações judiciais oriundas do não cumprimento das responsabilidades decorrentes do transporte multimodal deverão ser intentadas no prazo máximo de um ano, contado da data da entrega da mercadoria no ponto de destino ou, caso isso não ocorra, do 90º dia após o prazo previsto para a referida entrega, sob pena de prescrição. No caso de transporte multimodal predomina prescrição, enquanto o Código Civil fala em decadência.

12.6. Limitação da responsabilidade

A responsabilidade do Operador de Transporte Multimodal por prejuízos resultantes de perdas ou danos causados às mercadorias é limitada ao valor declarado pelo expedidor e consignado no Conhecimento de Transporte Multimodal, acrescido dos valores do frete e do seguro correspondentes. O valor das mercadorias será o indicado na documentação fiscal oferecida. A responsabilidade por prejuízos resultantes de atraso na entrega ou de qualquer perda ou dano indireto, distinto da perda ou dano das mercadorias, é limitado a um valor que não excederá o equivalente ao frete que se deve pagar pelo transporte multimodal.

Na hipótese de o expedidor não declarar o valor da mercadoria, a responsabilidade do Operador de Transporte Multimodal ficará limitada ao valor que for estabelecido por lei. Essa lei foi o Decreto 3.411/2000, que regulamentou a Lei 9.611/98. Segundo esse decreto, a responsabilidade do Operador de Transporte Multimodal por prejuízos resultantes de perdas e danos causados às mercadorias, cujo valor não tenha sido declarado pelo expedidor, observará o limite de 666,67 DES (Direitos Especiais de Saque) por volume ou unidade, ou de 2.00 DES por quilo de peso duplo das mercadorias danificadas, avariadas ou extraviadas, prevalecendo a quantia que for maior. Para fins de aplicação das duas limitações retrorreferidas, levar-se-á em conta cada volume ou unidade de mercadoria declarada como conteúdo da unidade de carga. Se no Conhecimento de Transporte Multimodal for declarado que a unidade de carga foi carregada com mais de um volume ou unidade de mercadoria, esses limites serão aplicados a cada volume ou unidade declarada. Se for omitida essa menção, todas as mercadorias contidas na unidade de carga serão consideradas como uma só unidade de carga transportada.

Abrindo um hiato nas nossas considerações a respeito dos transportes, devemos falar sobre o novo índice adotado para o cálculo da indenização, ou seja o DES (Special Drawing Rights) ou Direitos Especiais de Saque. Trata-se de uma moeda escritural, criada e adotada pelo FMI, substituindo o padrão dólar-ouro. Passou essa moeda a vigorar nas operações internacionais. No campo dos transportes, o DES foi introduzido pela Convenção de Montreal que atualizou a Convenção de Varsóvia. Por ocasião dessa Convenção, o DES estava cotado em US$ 1,30 e nesses anos tem variado entre US$ 1,30 e US$ 1,40. No Brasil, o DES foi introduzido legalmente no transporte multimodal pelo Decreto 3.411/2000, que regulamentou a Lei 9.611/98.

Quando a perda ou dano à carga for produzido em fase determinada, em transporte multimodal para o qual exista a lei imperativa ou convenção internacional aplicável, que fixe limite de responsabilidade específica, a responsabilidade do Operador de Transporte Multimodal por perdas e danos será determinada de acordo com o que dispuser a referida lei ou convenção.

A responsabilidade do Operador de Transporte Multimodal não excederá os limites de responsabilidade pela perda total das mercadorias.

Por exemplo, o valor da carga declarado era de R$ 2.000,00; se a carga se perder, não poderá o expedidor reclamar R$ 3.000,00 ou mais; ou, então, se a mercadoria tiver alguma avaria, o expedidor poderá reclamar R$ 2.000,00.

12.7. Recurso à Arbitragem

Disposição das mais louváveis foi a introduzida pelo art. 23 da Lei 9.611/98, facultando ao proprietário da mercadoria e ao Operador de Transporte Multimodal dirimir litígios entre eles recorrendo à Arbitragem. Oxalá todas as demais leis que doravante saírem sigam esse exemplo, facultando ou recomendando o recurso ao sistema de resolução de litígios, conhecido por Arbitragem. Evitam-se assim ações perante o abarrotado procedimento judiciário. Infelizmente, nosso Código Civil não faz referência a esse sistema por ter sido elaborado antes da Lei 9.307/96, que deu grande impulso ao sistema alternativo de solução de litígios.

A Arbitragem é um sistema alternativo de resolução de litígios, pelo qual as partes envolvidas em um litígio escolhem um árbitro para solucionar o problema entre elas. Poderá ser um árbitro individual ou colegiado, de três, cinco, ou mais membros, conforme a complexidade da questão discutida. O mais importante aspecto é o de que a decisão desse árbitro produz os mesmos efeitos jurídicos, vale dizer, tem a mesma força da decisão do juiz togado, ou seja, da Justiça Pública. Essa decisão é definitiva, isto é, não está sujeita a recurso, nem precisará de homologação judicial.

Muitas vantagens apresenta o novo mecanismo de resolução de controvérsias sobre a tradicional solução judiciária. A primeira delas é a rapidez de que se reveste. Os próprios contendentes poderão estabelecer o prazo que julgarem conveniente. Se nenhum prazo for fixado, a Lei 9.307/96 prevê seis meses para a solução final, sob pena de ficar o árbitro faltoso sujeito a responsabilidade por perdas e danos.

Outro aspecto favorável é a confidencialidade. Ninguém ficará sabendo que houve conflito de interesses entre as duas partes, a não ser elas próprias, seus advogados e o árbitro. Não sobra documentação, a não ser a sentença arbitral em duas vias, uma para cada parte.

A terceira vantagem é a maneira tranquila e pacífica com que um litígio seja resolvido. Evita-se contenda acirrada, que normalmente resulta em inimizade e rompimento de relações entre as partes conflitantes. O relacionamento empresarial no seio dessa atividade é restrito entre os operadores de transporte multimodal, as empresas transportadoras e a clientela dos transportes. Se qualquer divergência causar atrito entre eles, dentro em breve haverá ambiente hostil, para dificultar as atividades de todos.

Muitas outras vantagens poderão ser indicadas, mas essas três seriam suficientes para se adotar a solução arbitral, recomendada pelo art. 23 da Lei 9.611/98. Urge então que se integrem os órgãos representativos dos operadores e das transportadoras, criando uma corte arbitral especializada no julgamento e solução dos conflitos entre eles. Poderão formar um quadro de juízes arbitrais especializados em problemas de transportes. Cortes arbitrais dessa natureza foram criadas pelas bolsas, como a Bovespa, a Bolsa de Mercadorias, a Bolsa de Cereais.

12.8. A legislação aplicável

A legislação que rege a modalidade do transporte multimodal de cargas não é tão vasta e, por isso, podemos montar um pequeno quadro de leis:

1. Código Civil – arts. 730 a 756 – Regulamenta o contrato de transporte, tendo aplicação em toda a área do direito dos transportes, em que está inserido o Transporte Multimodal de Cargas.
2. Lei 9.611/98 – Dispõe sobre o Transporte Multimodal de Cargas.
3. Decreto 3.411/2000 – Regulamenta a Lei 9.611/98.
4. Decreto 1.563/95 – Promulga no Brasil a Convenção do Mercosul denominada "Acordo de Alcance Parcial para a Facilitação do Transporte Multimodal de Mercadorias", entre Brasil, Argentina, Paraguai e Uruguai, de 1994.

Surge, porém, nessa legislação um aspecto discutível. Há divergências entre as várias leis e o Código Civil. Deveria, em princípio, predominar o Código Civil, por ser lei maior e mais moderna, com base no princípio de que a lei posterior revoga a anterior. Para nós, contudo, deve predominar o princípio de que a lei específica deve prevalecer sobre a lei geral e por isso a Lei 9.611/98, que é específica, sobrepõe-se ao Código Civil, que estabeleceu normas gerais. Além disso, a Lei 9.611/98 é bastante clara, enquanto os arts. 733 e 756, que cuidam do transporte cumulativo, são obscuros e confusos.

12.9. Do Transporte Intermodal

Nossa legislação deixou a descoberto a versão do transporte cumulativo referente ao Transporte Intermodal, semelhante mas de características diferentes do Transporte Multimodal. Os dois apresentam a semelhança de serem tipos de transporte que se realizam pela utilização de duas ou mais modalidades de transporte, de seu ponto de origem até o ponto de desembarque da mercadoria.

O Transporte Multimodal é regido por um único contrato de transporte, um só documento, emitido pelo Operador de Transporte Multimodal, que assume toda a responsabilidade pela carga. O Transporte Intermodal se caracteriza por vários contratos, com a divisão de responsabilidade para cada transportador.

No que tange à responsabilidade, há também certas características próprias a cada um. No multi predomina a responsabilidade total e solidária de todos os transportadores e o operador. No intermodal, cada um responde pelo seu trajeto.

13. DO CONTRATO DE TRANSPORTE RODOVIÁRIO

13.1. Legislação aplicável e suas disposições
13.2. Obrigações e direitos do passageiro
13.3. O jargão rodoviário
13.4. A tarifa rodoviária
13.5. O bilhete de passagem
13.6. A transportadora rodoviária
13.7. Transporte de bagagem

13.1. Legislação aplicável e suas disposições

O Brasil não possui, a exemplo da Itália, um código de navegação. Todavia, os diversos tipos de transporte são regulamentados por diversas leis, decretos e resoluções de órgãos reguladores, portarias, etc. O transporte rodoviário tem sua legislação específica, a partir do Decreto 2.521/98, com suporte na Lei 10.233/2001 e Lei 8.987/95. O transporte dentro de um Estado é regulamentado também pela legislação estadual e, dentro do município, pelas posturas municipais. Vamos relacionar as leis primordiais do transporte rodoviário:

1 – Decreto 2.521/98 – Dispõe sobre a exploração, mediante permissão e autorização, de serviços de transporte rodoviário, interestadual e internacional coletivo de passageiros.

2 – Lei 10.233/2001 – Criou a Agência Nacional de Transportes Terrestres – ANTT e reestruturou o sistema de transportes.

3 – Lei 8.987/95 – Dispõe sobre o regime de permissão, autorização e concessão de serviços públicos.

4 – Código Civil – Arts. 734 a 756 – Dispõe sobre o contrato de transporte.

O transporte rodoviário não é tão estável como o transporte aéreo, por estar este coberto por um código, o Código Brasileiro de Aeronáutica, e, no plano internacional, pela Convenção de Varsóvia. A extensa legislação complementar está integrada a esses estatutos fundamentais, mantendo sua unidade. O transporte rodoviário, por seu turno, está regulado por várias leis esparsas, algumas modernas, convivendo com outras antigas. As normas baixadas pelo seu órgão regulador, a ANTT, renovam-se constantemente. Tudo o que se disser sobre transportes terrestres está sujeito a modificações.

Pelas disposições legais, o transportador é sempre um permissionário ou autorizatário de serviços públicos. É uma das razões pela qual o contrato de transporte de pessoas enquadra-se no tipo de contrato de adesão. No regime anterior era um concessionário.

O transportador qualifica-se como uma empresa prestadora de serviços públicos, devidamente registrada na ANTT e em outros órgãos de planejamento, normatização e fiscalização de transporte. A remuneração de seus serviços constituir-se-á, dentro de critério comum a todos os países, em <u>tarifa legal</u>, ou seja, estabelecida pelo Poder Público.

A concessão dos serviços far-se-á mediante concorrência e sob contrato firmado com o vencedor ou os vencedores da licitação. O transportador deverá seguir o plano rodoviário estabelecido pela ANTT, seguindo os itinerários previstos e demais imposições legais, celebrar contratos de seguros, tanto para o seu patrimônio, como para garantia dos passageiros.

13.2. Obrigações e direitos do passageiro

O Decreto 2.521/98 prevê duas obrigações principais para o passageiro, embora outras sejam decorrentes de normas variadas. É o pagamento do preço da passagem e do excesso da bagagem. Tem o direito de levar consigo um volume e deixar no bagageiro do veículo outro volume com o peso máximo de 25 quilos. Ultrapassando esse limite, deverá pagar uma taxa de 1% sobre o valor da passagem por quilo.

O transportador não se responsabiliza pelo extravio da bagagem; não assume ele a condição de depositário do bem. Entretanto, o passageiro poderá declarar o valor do bem e celebrar junto ao próprio transportador um contato de seguro. A responsabilidade do transportador, entretanto, fica limitada a dois salários mínimos.

Outras normas preveem outras obrigações do passageiro, como a de chegar com antecedência ao local do embarque, apresentando o bilhete de passagem. Deve identificar-se quando a identidade for solicitada pela transportadora ou pelas autoridades públicas. Deve ainda respeitar a propriedade alheia, zelando pela conservação dos bens e equipamentos por meio dos quais lhe são prestados os serviços.

Não deve apresentar incontinência no comportamento, evitando atos como revelar estado de embriaguez, portar armas sem autorização da autoridade competente específica, transportar ou pretender embarcar produtos considerados perigosos pela legislação específica, pretender embarcar objeto de dimensões e acondicionamento incompatíveis com o porta-embrulhos; transportar ou pretender embarcar consigo animais domésticos ou silvestres, sem o devido acondicionamento ou em desacordo com disposições legais ou regulamentares, ou recusar-se ao pagamento da tarifa.

Não pode comprometer a segurança, o conforto ou a tranquilidade dos demais passageiros, fazendo uso de aparelho sonoro depois de advertido pela tripulação do veículo, fazendo uso de produtos fumeiros no interior dos ônibus, em desacordo com a legislação pertinente. Fumar em locais como ônibus, trens, metrô, avião e outros veículos de uso coletivo, bem como em ambientes fechados como restaurantes e elevadores, é prática não só vedada pela lei, mas causadora de constrangimento aos demais frequentadores. Há sempre, porém, algum refratário a essas proibições. Recentemente, os aviões criaram uma área de fumantes, mas com resultados igualmente nocivos.

As empresas transportadoras deverão afixar em lugar visível e de fácil acesso aos usuários, como nas estações rodoviárias, junto ao local de venda de passagens, a transcrição dessas medidas, previstas no Decreto 2.521/98.

Por outro lado, a lei garante ao usuário dos serviços públicos de transporte (passageiros) determinados direitos. Se ele paga e cumpre suas obrigações, tem o direito de receber serviço adequado, sendo transportado com pontualidade, segurança, higiene e conforto, do início ao término da viagem. Deve ser garantida sua poltrona no ônibus, nas condições especificadas no bilhete de passagem, e atendimento com urbanidade pelos prepostos da transportadora e pelos agentes da fiscalização, sendo auxiliado no embarque e desembarque, em se tratando de crianças, pessoas idosas ou com dificuldades de locomoção.

Cabe ao usuário o direito de receber do Ministério dos Transportes e da transportadora informações para defesa de interesses individuais ou coletivos, informações acerca das características dos serviços, tais como horários, tempo de viagem, localidades atendidas, preço de passagem e outras relacionadas com os serviços. Deve lhe ser proporcionada liberdade de escolha na obtenção e utilização do serviço. Cabe-lhe não só o direito mas também o dever de levar ao conhecimento do órgão de fiscalização as irregularidades de que tenha conhecimento, referentes ao serviço prestado.

Ao adquirir o direito de ser transportado, o passageiro adquire também o direito de transportar, gratuitamente, bagagem no bagageiro e volume no porta-embrulhos, como também crianças de colo (até 5 anos), respeitando possíveis exceções previstas na legislação aplicável ao transporte de menores. Importante garantia do passageiro é receber o comprovante dos volumes transportados no bagageiro. Há decisões jurisprudenciais sobre a perda desse comprovante, o que ocasiona a falta de prova na reclamação de possíveis prejuízos.

Se a transportadora não garantir a viagem nos termos contratados, o usuário receberá a diferença de preço da passagem, quando a viagem se faça, total ou parcialmente, em veículo de características inferiores às do contrato. Se a viagem tiver interrupção, o usuário deverá receber, às expensas da transportadora, enquanto perdurar a situação, alimentação e pousada, assim como nos casos de venda de mais de um bilhete de passagem para a mesma poltrona, ou interrupção ou retardamento da viagem, quando tais fatos forem imputados à transportadora. Esse mesmo direito ocorre no transporte aérco.

O passageiro poderá desistir da viagem, mas deverá fazê-lo a tempo de a transportadora revender a passagem a terceiros. Poderá também revalidar sua passagem, ou efetuar sua compra com data de utilização em aberto, sujeita a reajuste de preço se não utilizada dentro de um ano da emissão.

Em caso de acidente, o usuário deverá receber da transportadora imediata e adequada assistência e o seguro que a permissionária (transportadora) deverá fazer por imposição da lei, além do seguro obrigatório de danos pessoais (DPVAT), segundo a Lei 6.194/74.

13.3. O jargão rodoviário

É interessante notar que o Decreto 2.521/98, complementado pela Resolução 16/2002 da ANTT, estabeleceu um glossário de termos e conceitos utilizados pelo transporte rodoviário, limitando e esclarecendo o sentido de palavras e práticas. Essa iniciativa é inusitada, pois definir termos, institutos ou teorias é função da doutrina e não da lei. Todavia, estabelecendo linguagem uniforme, precisa e rígida para designar as operações e práticas costumeiras no transporte rodoviário, a lei veio dar mais segurança ao direito, evitando dúvidas, discussões e interpretações dúbias em caso de litígio.

AUTORIZAÇÃO = delegação ocasional, por prazo limitado ou viagem certa, para prestação de serviços de transporte em caráter emergencial ou especial. É dada pelo poder concedente à empresa de transporte.

DELEGAÇÃO = a título precário, mediante licitação, na modalidade de concorrência, da prestação do serviço de transporte interestadual ou internacional de passageiros, feita pela união à pessoa jurídica que demonstre capacidade para seu desempenho, por sua conta e risco, por prazo determinado.

ACIDENTE = todo acontecimento anormal que quebre a regularidade e a normalidade na prestação do serviço e cause danos a terceiros de natureza pessoal ou material.

ASSALTO = todo ato praticado contra veículos empregados na prestação de serviços de transporte interestadual ou internacional de passageiros com o objetivo de roubar ou furtar bens de propriedade dos passageiros ou dos tripulantes, com ou sem uso de armas e/ou violência. Por tripulantes entenda-se o motorista do ônibus, uma rodomoça, um guia e outros auxiliares da viagem.

BAGAGEM = conjunto de objetos de uso pessoal do passageiro, devidamente acondicionado, transportado no bagageiro do veículo, sob responsabilidade da empresa transportadora.

BAGAGEM DE MÃO = volumes devidamente acondicionados em pequenas bolsas, sacolas ou pacotes e transportados no porta-embrulhos do veículo, sob responsabilidade do passageiro.

BAGAGEIRO = compartimento do ônibus destinado exclusivamente ao transporte de bagagens, malas postais e encomendas, com acesso independente do compartimento dos passageiros.

BILHETE DE PASSAGEM = documento que comprova o contrato de transporte com o usuário.

FRETAMENTO CONTÍNUO = é o serviço prestado a pessoas jurídicas para o transporte de seus empregados, bem como a instituições de ensino ou agremiações estudantis para o transporte de seus alunos, professores ou associados. Necessário se torna que essas agremiações estudantis sejam legalmente constituídas, com prazo de duração máxima de 12 meses e quantidade de viagens estabelecidas, com contrato escrito entre a transportadora e seu cliente, previamente analisado e autorizado pela ANTT.

FRETAMENTO EVENTUAL (chamado também turístico) = é o serviço prestado a pessoa ou grupo de pessoas, em circuito fechado, com emissão de nota fiscal e lista de pessoas transportadas, por viagem, com prévia autorização ou licença da ANTT ou órgão com ela conveniado.

LINHA = serviço de transporte coletivo de passageiros executado em uma ligação de dois pontos terminais, nela incluídos o secionamento e as alterações operacionais efetivadas, aberto ao público em geral, de natureza regular e permanente, com itinerário definido no ato de sua delegação/outorga.

ÔNIBUS = veículo automotor de transporte coletivo com capacidade de mais de vinte passageiros sentados, ainda que, em virtude de adaptações com vista à maior comodidade destes, transporte número menor.

PERCURSO = sequência de trechos e acessos entre duas localidades definidas.

PERDA MATERIAL = dano e prejuízo patrimonial sofrido e declarado por terceiro, em decorrência do acidente ou do assalto.

PODER PERMITENTE = a União, por intermédio da ANTT, do Ministério dos Transportes.

PONTO DE PARADA = local da parada obrigatória, ao longo do itinerário, de forma a assegurar, no curso da viagem e no tempo devido, alimentação, conforto e descanso aos passageiros e às tripulações dos ônibus.

PORTA-EMBRULHOS = compartimento destinado ao transporte de pequenos volumes, localizado no interior do ônibus.

SEGURO DE RESPONSABILIDADE CIVIL = contrato que prevê a cobertura para garantir a liquidação de danos causados aos passageiros e seus dependentes, em virtude de acidente quando da realização da viagem em veículos que operam os serviços de transporte interestadual e internacional coletivo de veículos obrigatoriamente discriminados nas respectivas apólices.

SERVIÇO ADEQUADO = é o que satisfaz as condições de pontualidade, continuidade, segurança, eficiência, generalidade, cortesia na sua prestação e modicidade de tarifas, conforme estabelecido no respectivo contrato.

SERVIÇO = toda atividade destinada a obter determinada utilidade de interesse para a administração ou de interesse público.

SERVIÇOS ESPECIAIS = os delegados mediante autorização que correspondem ao transporte interestadual ou internacional de passageiros em circuito fechado, no regime de fretamento, e ao internacional em período de temporada turística. É comum nos meses de junho e julho, quando agências de viagens realizam excursões.

TARIFA = preço fixado para o serviço, por passageiro, obtido na multiplicação do coeficiente tarifário para extensão do percurso.

TERMINAL RODOVIÁRIO = local público ou privado, aberto ao público em geral e dotado de serviços e facilidades necessárias ao embarque e desembarque de passageiros.

TRANSPORTADORA = a permissionária ou autorizatária dos serviços delegados.

TRANSPORTE RODOVIÁRIO SOB REGIME DE FRETAMENTO = serviço realizado em âmbito interestadual ou internacional, para os deslocamentos de pessoas, em circuito fechado, para o fim de realização de excursões e outras programações, sem que tenha quaisquer características de transporte regular de passageiros.

VIAGEM DIRETA = é a realizada com objetivo de atender exclusivamente aos terminais da linha, visando a suprir casos de maior demanda de transporte, sem prejuízo dos horários ordinários já estabelecidos. Ocorre geralmente nos fins de semana, em que há maior fluxo de passageiros; além dos horários costumeiros, a transportadora coloca alguns ônibus extras.

VIAGEM SEMIDIRETA = é a realizada para atender, além dos terminais da linha, a parte dos secionamentos, quando ocorrerem casos de maior demanda. Por exemplo, numa viagem São Paulo-Rio, o veículo vai parando nas cidades intermediárias.

VÍTIMA COM LESÃO CORPORAL = pessoa ferida em decorrência direta do acidente ou do assalto quando da prestação de serviço.

VÍTIMA FATAL = a que for declarada morta no próprio local do acidente ou do assalto, ou que venha a falecer posteriormente em decorrência direta dos ferimentos que tenha sofrido nestes eventos.

13.4. A tarifa rodoviária

Tarifa é o preço cobrado pela prestação de um serviço; no presente caso, é o preço pago pela passagem. A remuneração dos serviços da transportadora constituir-se-á, dentro do critério comum de todos os países, em tarifa legal, ou seja, estabelecida pelo Poder Público. A tarifa a ser cobrada pela prestação dos serviços destina-se a remunerar, de maneira adequada, o custo do transporte oferecido em regime de eficiência e os investimentos necessários à sua execução, e vem assim a possibilitar a manutenção do padrão de qualidade exigido pela transportadora.

Cabe ao Ministério dos Transportes elaborar estudos técnicos, necessários à aferição dos custos da prestação e da manutenção da qualidade dos serviços, relativos a cada linha, observadas as respectivas características e peculiaridades específicas. Tratando-se de tarifa legal, de rígida e obrigatória observância pela transportadora, obrigação que se estende ao passageiro por força do contrato, não poderão ser criadas novas condições no contrato de transporte, que impliquem modificação da tarifa legal.

É vedado estabelecer privilégios tarifários que beneficiem segmentos específicos de usuários, exceto no cumprimento da lei. Contudo, as transportadoras poderão praticar tarifas promocionais nos seus serviços, que poderão ocorrer em todos os horários ou em algum deles. Neste caso, as transportadoras deverão comunicar ao Ministério dos Transportes, com antecedência mínima de 15 dias, e desde que elas não impliquem em quaisquer formas de abuso do poder econômico ou tipifiquem infrações às normas para a defesa da concorrência. É preciso também fazer contar, na passagem, que se trata de tarifa promocional.

Normas com condições semelhantes são encontradas em quase todas as legislações sobre transporte em geral. É também um critério doutrinário encontrado nas análises feitas sobre o contrato de adesão. E justifica-se plenamente; uma empresa concessionária é dotada de privilégios especiais e normalmente de exclusividade para a prestação de serviços. Por outro lado, o usuário, quase sempre, é obrigado a servir-se desses serviços, dos quais não poderá, sem prejuízos, abrir mão. Pode-se imaginar a importância dessa disposição se considerar que o transportador poderá eliminar empresas do mercado, se conceder desconto nos serviços aos passageiros.

13.5. O bilhete de passagem

É obrigatória a emissão do bilhete de passagem, uma vez que é o documento comprovante do contrato de transporte. Corresponde ainda ao recibo do pagamento. Se o passageiro for empregado da transportadora, deverá portar o passe de serviço. Constarão obrigatoriamente da passagem o nome e endereço da transportadora, número de inscrição no CNPJ e data de emissão do bilhete; a denominação do documento (bilhete de passagem), o preço, número do bilhete e da via, série ou a subsérie conforme o caso; origem e destino da viagem; número da poltrona, agência emissora do bilhete; nome da empresa impressora do bilhete e número da respectiva inscrição no CNPJ.

Quando se tratar de viagem em categoria de serviço diferenciado, o bilhete conterá, também, a indicação do tipo de serviço. O serviço diferenciado é o executado no itinerário da linha, empregando equipamentos de características especiais, para atendimento de demandas específicas, com tarifa compatível com o serviço executado. É o caso de ônibus com poltrona-cama ou trem com compartimentos reservados.

Nas linhas com características semiurbanas poderão ser utilizados bilhetes simplificados ou aparelhos de contagem mecânica de passageiros, desde que asseguradas as condições necessárias ao controle e à coleta de dados estatísticos. É o que acontece com entradas por catracas.

As passagens podem ser vendidas diretamente pela transportadora ou por intermédio de agente por ela credenciado, sob a responsabilidade dela. Aliás, não só a passagem, mas outros serviços de transporte, como o fretamento turístico, vendido por agências de viagem. Fretamento turístico é o fretamento eventual, prestado por uma pessoa ou grupo de pessoas, em circuito fechado, com emissão de nota fiscal e lista de pessoas transportadas, por viagem, com prévia autorização ou licença da ANTT ou órgão por ela conveniado. É também chamado de "excursão", como as excursões às Serras Gaúchas, ao Nordeste, a Caldas Novas e outras áreas turísticas.

A venda da passagem deve iniciar-se com antecedência mínima de 30 dias úteis da data da viagem, exceto para as linhas semiurbanas.

13.6. A transportadora rodoviária

A distribuição constitucional de competência entre a União, Estados e Municípios, com referência ao transporte rodoviário de cargas e de passageiros, é observada conforme o esquema abaixo:

A – À União compete explorar, diretamente ou mediante permissão ou autorização, os serviços rodoviários interestaduais e internacionais de transporte de cargas e passageiros. A organização, a coordenação, o controle, a delegação e a fiscalização dos serviços de transporte caberão ao Ministério dos Transportes, principalmente por seu órgão específico, a ANTT – Agência Nacional de Transportes Terrestres. A fiscalização dos serviços poderá ser descentralizada, mediante convênio a ser celebrado com órgãos ou entidades da Administração Pública da União, dos Estados, do Distrito Federal ou dos Municípios.

B – Ao Estado cabe a chamada competência residual, na qual se insere o transporte supralocal, dentro do território do Estado, envolvendo, portanto, a exploração do transporte rodoviário intermunicipal de passageiros.

C – A competência do Município decorre da característica local dos serviços, compreendendo a exploração do transporte urbano, nas áreas metropolitanas. Todavia, a legislação municipal não pode afastar-se da federal, uma vez que as diretrizes gerais são ditadas pela União. Por esse motivo, só nos ocuparemos da regulamentação federal, que abrange todo o país. Essa distribuição foi incorporada pelo CNT (Lei 9.503/97).

Apesar de competir à União explorar o serviço de transporte, ela delega essa atribuição a empresas privadas, as "sociedades empresárias" no dizer do Código Civil, mediante permissão ou autorização. O serviço urbano comporta muitas empresas públicas municipais, como é o caso da SPTrans, em São Paulo. A empresa individual fica excluída da permissão ou autorização.

A permissão é a delegação, a título precário, mediante licitação, na modalidade de concorrência, da prestação do serviço de transporte rodoviário interestadual e internacional de passageiros, feita pela União a pessoa jurídica que demonstre capacidade de seu desempenho, por sua conta e risco, por prazo determinado.

A autorização é a delegação ocasional, por prazo limitado ou viagem certa, para prestação de serviços de transporte em caráter emergencial ou especial. O poder permitente é a União; a empresa transportadora celebra então com a União o contrato de permissão, que o artigo 19 do Decreto 2.521/98 define como <u>contrato de adesão, do tipo administrativo</u>, pelo qual a empresa de transporte assume a obrigação de prestar serviço adequado ao pleno atendimento dos usuários. Serviço adequado é o que satisfaz as condições de pontualidade, regularidade, continuidade, segurança, eficiência, generalidade, cortesia na sua prestação e modicidade das tarifas.

É obrigação da permissionária garantir a seus usuários contrato de seguro de responsabilidade civil, sem prejuízo da cobertura do seguro obrigatório de danos pessoais (DPVAT).

13.7. Transporte de bagagem

Na tarifa do transporte está incluída a obrigação de transportar também a bagagem do passageiro, a título de franquia, vale dizer, gratuitamente, no bagageiro e no porta-embrulhos, observados os limites máximos de peso e dimensão. O limite para a bagagem no bagageiro é de 30 quilos de peso total e 300 decímetros cúbicos, limitada a maior dimensão de qualquer volume a um metro. Quanto à bagagem de mão, no porta-embrulhos, não há limites estabelecidos desde que não sejam comprometidos o conforto, a segurança e a higiene dos passageiros.

Excedida a franquia acima referida, o passageiro deverá pagar até 0,5% do preço da passagem correspondente ao serviço convencional para transporte de cada quilo de excesso. É vedado o transporte de produtos considerados perigosos, indicados na legislação específica bem como daqueles que, por sua forma ou natureza, comprometem a segurança do veículo, de seus ocupantes ou de terceiros.

Para maior compreensão e segurança de interpretação, vamos repetir o que a lei considera sobre os termos aqui aplicados:

BAGAGEIRO = compartimento do ônibus destinado exclusivamente ao transporte de bagagens, malas postais e encomendas, com acesso independente do compartimento de passageiros. Geralmente fica na parte inferior do ônibus.

BAGAGEM = conjunto de objetos de uso pessoal do passageiro, devidamente acondicionado, transportado no bagageiro do veículo, sob responsabilidade da transportadora.

BAGAGEM DE MÃO = volumes devidamente acondicionados em pequenas bolsas, sacolas ou pacotes e transportados no porta-embrulhos do veículo, sob responsabilidade do passageiro. Fica geralmente no alto do interior do ônibus.

PORTA-EMBRULHOS = compartimento destinado ao transporte de pequenos volumes, localizado no interior do ônibus, geralmente na parte de cima.

A reclamação do passageiro pelos danos ou extravio da bagagem deverá ser comunicada à transportadora ou a seu preposto ao término da viagem, mediante o preenchimento de formulário próprio. A transportadora deverá indenizar o proprietário da bagagem danificada ou extraviada no prazo de até 30 dias contados da data da reclamação, mediante apresentação do respectivo comprovante. O valor da indenização será calculado tendo como referência o coeficiente tarifário vigente para o serviço convencional com sanitário, em piso pavimentado.

Os agentes da fiscalização e os prepostos das transportadoras, quando houver indícios que justifiquem verificação nos volumes a transportar, poderão solicitar a abertura das bagagens, pelos passageiros, nos pontos de embarque.

14. DO CONTRATO DE TRANSPORTE FERROVIÁRIO

14.1. Evolução legislativa
14.2. Regulamento dos Transportes Ferroviários
14.3. O transporte de passageiros
14.4. O transporte de bagagens
14.5. O contrato de transporte de coisas
14.6. Da responsabilidade civil das estradas de ferro
14.7. Da responsabilidade por danos

14.1. Evolução legislativa

O transporte ferroviário surgiu no Brasil em 1854, quando começou a operar a Estrada de Ferro Mauá, ligando o Rio de Janeiro a Petrópolis. Naturalmente, essa ferrovia deve ter elaborado seu regulamento, que foi a primeira norma do Direito Empresarial em nosso país. Naquela época eram precários os meios de transporte, pois o Brasil era um país litorâneo e, por isso, prevalecia o transporte marítimo. Quando o país começou a marcha para o interior, desenvolveu-se o transporte ferroviário, impondo-se legislação que estabeleceu alta dose de responsabilidade para o transportador.

Até então, o que havia em termos de direito dos transportes era o Código Comercial de 1850, dedicando-se quase só ao Direito Marítimo e ignorando os demais transportes, malgrado falasse de "condutores de gêneros" e outras expressões imprecisas. Surgiu o Decreto 1.930, de 1859, nove anos após o Código Comercial, regulamentando os transportes ferroviários no Brasil e vigendo por 65 anos, até ser substituído pelo Decreto 15.673, de 1922. Outros decretos foram aparecendo, até que finalmente o Decreto 1.832/96, ainda em vigor no ano de 2008, estabeleceu o Regulamento dos Transportes Ferroviários.

A responsabilidade por dano decorrente de sinistro de transporte tinha recentemente agitado o direito europeu após o chamado "caso Blanco". A menina Agnès Blanco foi morta por um trem, em 1873, ao atravessar a linha férrea. Seu pai acionou o Estado, por ser empresa pública a causadora do acidente. A decisão dos tribunais franceses introduziu profundas alterações no Direito Administrativo. Adotou-se, a partir de então, a responsabilidade civil do Estado em face de danos causados a pessoas privadas por atos praticados por seus prepostos.

Essa responsabilidade foi transmitida às empresas concessionárias de serviços públicos, como é o caso das transportadoras. Em consequência, impunha-se em todos os países a regulamentação do assunto. Como a questão já afetava o Brasil, surgiu o Decreto 2.681, em 1912, que prevê o sistema de responsabilidade objetiva, de culpa presumida, das estradas de ferro em face dos danos causados a seus passageiros.

O Decreto 15.673, de 1922, complementou, em alguns aspectos, a lei anterior, estabelecendo um autêntico Código Geral dos Transportes.

De 1950 para cá, o Brasil dedicou mais atenção ao transporte rodoviário, em vista do desenvolvimento da indústria automobilística. Em consequência, o transporte ferroviário estacionou e foi decaindo, em consequência do abandono. Hoje existe a estrada de ferro mais para o transporte de coisas, sendo muito pouco usada para o de pessoas, apesar de que se pode considerar como transporte ferroviário também o metrô, nas grandes cidades. As poucas estradas existentes foram englobadas pela Rede Ferroviária Federal, empresa estatal, que exerce quase um monopólio do transporte ferroviário. É essencialmente nacional, com a frágil exceção da ferrovia para Santa Cruz de la Sierra, na Bolívia. É a razão pela qual o Brasil não é parte nas convenções internacionais.

14.2. Regulamento dos Transportes Ferroviários

A regulamentação dos transportes ferroviários foi estabelecida pelo Decreto 132/96, criando o Regulamento dos Transportes Ferroviários. A iniciativa do transporte cabe à União mas ela transfere essa competência às empresas privadas ou públicas, mediante concessão. A estrada de ferro é portanto uma concessionária, enquanto a empresa rodoviária é mais uma permissionária. As empresas ferroviárias são chamadas pelo Decreto 1.832/96 de Administração Ferroviária. Assim sendo, a Administração Ferroviária é a empresa privada ou entidade pública competente, que exista ou venha a ser criada, para construção ou operação empresarial de ferrovias. Malgrado falemos em empresa privada, na prática quase que só existe a Rede Ferroviária Federal.

O transporte ferroviário fica sujeito à supervisão e à fiscalização do Ministério dos Transportes, que também baixa normas de segurança para o transporte ferroviário e fiscaliza sua observância. Proíbe o transporte gratuito, salvo expressa disposição legal em contrário. Não poderá a transportadora ferroviária deixar isoladas, sem possibilidade de acesso, partes do terreno atravessado por suas linhas, nem impedir a travessia por elas de tubulações, redes de transmissão elétrica, telefônica e similares, anterior e posteriormente estabelecidas, observadas as instruções específicas de proteção ao tráfego e às instalações ferroviárias. Por outro lado, deverá implantar dispositivos de proteção e segurança ao longo de suas faixas de domínio.

14.3. O transporte de passageiros

O contrato de transporte ferroviário deverá amoldar-se à regulamentação que lhe dá o Código Civil de 2002, como, aliás, todo tipo de contrato de transporte. Como a transportadora ferroviária é uma empresa pública, a lei impõe a ela certas obrigações a que só o Poder Público conseguiria atender. As estações, seus acessos, plataformas e os trens serão providos de espaço e instalações compatíveis com a demanda que receberem, de forma a atender aos padrões de conforto, higiene e segurança dos usuários, observadas as normas vigentes. Os trens e as estações terão obrigatoriamente letreiros, placas ou quadro de avisos contendo indicações de informações sobre os serviços, para esclarecimento dos passageiros. A transportadora deverá transmitir aos usuários as informações a respeito da chegada e partida dos trens e demais orientações. As estações dos serviços de transporte urbano ou metropolitano serão providas de comunicação sonora para transmissão de avisos aos usuários.

Os trens de passageiros terão prioridade de circulação sobre os demais, exceto os de socorro. Durante o percurso, os passageiros serão sempre avisados das baldeações, das paradas e do período destas, bem como de eventuais alterações dos serviços. A transportadora é obrigada a manter serviço de lanches ou refeições destinados aos usuários, nos trens de passageiros em percurso acima de quatro horas de duração e em horários que exijam tais serviços.

No caso de interrupção da viagem, por motivo não atribuído ao passageiro, este terá o direito de ser transportado ao seu destino, por conta da transportadora, em condições compatíveis com a viagem original, sendo-lhe fornecido, se necessário, hospedagem, traslados e alimentação. Para maior segurança dos passageiros, os trens não poderão circular com suas portas abertas. Os menores de 5 anos de idade viajarão gratuitamente, mas não podem ocupar o assento. Se o passageiro desistir da viagem de longo percurso poderá ter o pagamento restituído, mas deverá comunicar a transportadora com antecedência mínima de seis horas da partida do trem.

Há certos cuidados a tomar pelo passageiro e obrigação de observá-los. Ele não pode viajar sem estar de posse do bilhete ou de documento hábil emitido pela transportadora, salvo no caso de bilhetagem automática. Só poderá viajar nos vagões de passageiros, e não em vagões destinados a outro fim, como vagão de carga ou na cabine de direção.

Passageiro que se apresentar ou se comportar de forma inconveniente poderá ter sua entrada impedida ou ser retirado do trem. É vedada a negociação ou comercialização de produtos e serviços no interior dos trens, nas estações e instalações, exceto aqueles devidamente autorizados pela transportadora. É também proibida a prática de jogos de azar ou de atividades que venham a perturbar os usuários. Se o passageiro fizer uso inadequado das composições e instalações, a transportadora ficará isenta de qualquer responsabilidade por acidentes com ele.

14.4. O transporte de bagagens

Cada passagem facultará ao passageiro o direito de conduzir consigo, gratuitamente e sem despacho, sob sua exclusiva responsabilidade, bagagem com certas limitações. Ultrapassando os limites de peso e tamanho, será então despachada como mercadoria, respeitada a franquia.

O preço da passagem no trem de longo percurso inclui, a título de franquia mínima, o transporte obrigatório e gratuito de 35 quilos de bagagem. Excedida a franquia, o passageiro pagará até 0,5% da passagem de serviço convencional para transporte de cada quilo de excesso. A bagagem que exceder à franquia deverá ser submetida a despacho simplificado por ocasião do embarque. A transportadora não será responsável por perda ou avaria de bagagem não despachada e conduzida pelo próprio usuário, exceto se ocorrer por dolo ou culpa da transportadora. É justificável o critério de eximir-se a ferrovia da responsabilidade sobre a bagagem. No transporte rodoviário, a bagagem maior é levada no bagageiro, o que não ocorre no transporte ferroviário, em que o passageiro leva a bagagem consigo.

Em trem de longo percurso, urbano ou metropolitano, o passageiro poderá portar gratuitamente, sob sua exclusiva responsabilidade, volumes que, por sua natureza ou dimensão, não prejuquem o conforto, a segurança dos demais passageiros e a operação ferroviária, sendo vedado o transporte de produtos perigosos.

A transportadora, quando houver indícios que justifiquem verificação nos volumes a transportar, poderá solicitar a abertura das bagagens pelos passageiros. Caso este não atenda àquela solicitação, a transportadora fica autorizada a não embarcá-la, ou, se já estiver embarcado e no decorrer do percurso, desembarcá-la na próxima estação.

14.5. O contrato de transporte de coisas

Repetindo o que fora dito, o transporte ferroviário é mais usado para o transporte de coisas, uma vez que a preferência dos passageiros é pelo transporte rodoviário. O contrato de transporte estipulará os direitos, deveres e obrigações das partes e as sanções aplicáveis pelo seu descumprimento, atendida a legislação em vigor. Interessante notar que o Decreto 1.832/96 usa a expressão "deveres e obrigações", quando os dois termos são considerados sinônimos perfeitos. Outro aspecto é o de que a lei não regulamenta o contrato de transporte ferroviário, delegando a ele estabelecer as cláusulas; esse contrato tem três partes: o expedidor, a transportadora e o destinatário, sendo este quem receberá a carga, ou seja, a coisa enviada, que poderá ser o próprio expedidor.

No ato de entrega da coisa, a transportadora entregará ao expedidor o conhecimento de transporte, documento que caracteriza o contrato de transporte e a entrega da mercadoria a ser transportada. O conhecimento de transporte é também chamado de conhecimento de frete ou de carga, porquanto coisa transportada é também denominada carga ou mercadoria. É considerado um título de crédito e está regulamentado pelo Decreto 19.473, de 1930, que trata do conhecimento de transporte por terra, água e ar. O destinatário da carga deverá entregá-lo à transportadora quando for retirar a mercadoria, mas, ainda que ele se extravie, há outras possibilidades para a retirada desta.

Para efeito de transporte, cabe ao expedidor prestar as declarações exigidas pela transportadora e atender às condições para o transporte. Ele é responsável pelo que declarar e sujeitar-se-á às consequências de falsa declaração. Não haverá qualquer responsabilidade da transportadora se o expedidor deixar de cumprir as condições, ou então os prazos estabelecidos pela transportadora para regularizar qualquer empecilho que houver na expedição.

Se houver indício de irregularidade ou de declaração errônea, a transportadora poderá proceder à abertura dos volumes, para conferência, em suas dependências ou em outras do percurso. Se não for verificada nenhuma das hipóteses, a transportadora será responsável pelo recondicionamento; em caso contrário, os ônus do recondicionamento serão do expedidor. Segue o mesmo critério adotado com a bagagem do passageiro, conforme acabamos de ver.

Ao chegar ao seu destino, a mercadoria ficará à disposição do interessado por 30 dias. Findo esse prazo sem ser retirada, será recolhida a depósito e poderá ser leiloada pela transportadora. No caso de bem perecível ou produto perigoso, esse prazo é de 30 dias e poderá ser reduzido de acordo com a natureza da mercadoria, devendo a transportadora informar ao expedidor e não ao destinatário este fato.

Se houver demora de parte de uma carga despachada, o destinatário e seu preposto não têm o direito de recusar-se a retirar a que tiver chegado, sob pretexto de não estar completa a remessa. A recusa será admitida se ficar demonstrado que a mercadoria despachada constituía um todo e a falta de uma das partes o deprecie ou inutilize.

O usuário disporá de prazo de armazenagem ou estadia gratuitas a ser acordado com a transportadora. Decorrido esse prazo, passarão a ser cobradas as taxas correspondentes a esses serviços, ressalvados os casos de ajuste. Entende-se por armazenagem a permanência de bens nas dependências da transportadora. Entende-se por estadia o período de tempo em que a transportadora entrega seu material de transporte para as operações de carregamento ou descarregamento, sob a responsabilidade do usuário.

No caso de impedimento para finalização do transporte, por culpa do destinatário, a transportadora fica autorizada a apresentar a fatura do transporte realizado, bem como a cobrar a taxa correspondente à estadia ou armazenagem da carga. Quando a transportadora, no interesse do serviço, efetuar, no período de estadia gratuita, descarga de responsabilidade do destinatário, não cobrará a operação.

14.6. Da responsabilidade civil das estradas de ferro

A transportadora ferroviária deverá atender o expedidor da mercadoria sem discriminação e prestar-lhe o serviço adequado. A responsabilidade da transportadora começa com o recebimento da mercadoria e cessa com a entrega desta, sem ressalvas, ao destinatário. Ela será responsável por todo o transporte e as operações acessórias a seu cargo e pela qualidade dos serviços prestados aos usuários.

Há vários casos em que a responsabilidade da transportadora fica elidida, quando o prejuízo que ela tenha causado não se deve ao seu zelo, causas essas definidas em cinco itens, sendo o primeiro o de os danos terem sido causados por vício intrínseco ou causas inerentes à natureza do que foi confiado para o transporte.

O segundo ocorre no transporte de animais, se eles tiveram morte ou lesão, em consequência do risco natural do transporte dessa natureza. O terceiro caso é quando houver falta de acondicionamento ou vício não aparente, ou procedimento doloso no acondicionamento do produto. Em quarto lugar, se houver dano decorrente das operações de carga, descarga ou baldeação efetuadas sob a responsabilidade do expedidor, do destinatário ou de seus representantes. O motivo final da elisão de responsabilidade da transportadora, previsto no artigo 31 do Decreto 1.832/96, é o caso em que a carga tenha sido acondicionada em *conteiner* ou vagão lacrado e, após o transporte, o vagão ou *conteiner* tenham chegado íntegros e com o lacre violado.

A transportadora é responsável pela falta, avaria, entrega indevida e perda total ou parcial da carga que lhe foi confiada para transporte. A responsabilidade fica limitada ao valor declarado pelo expedidor, obrigatoriamente constante do contrato de transporte.

Havendo culpa recíproca do usuário e da transportadora, a responsabilidade será proporcionalmente partilhada. É presumida perda total depois de decorridos 30 dias do prazo de entrega ajustado, salvo motivo de força maior.

Pelo que se vê, vigora o regime de culpa presumida da transportadora por danos causados à carga do expedidor. Em princípio, o contrato de transporte prevê a obrigação da transportadora em transportar carga ou passageiro, entregando-os incólumes ao local do destino, dentro das condições pactuadas. Se a transportadora assim o fez, presume-se que não cumpriu sua missão e, por isso, será responsável pelos danos. No caso de transporte de carga, como foi dito, sua responsabilidade limita-se ao valor da carga, tal qual está inscrita no contrato de transporte.

14.7. Da responsabilidade por danos

O Decreto 2.681, de 1912, tem 26 artigos, sendo do 1º ao 16 dedicados à responsabilidade da transportadora pelo transporte de cargas e os arts. 17 a 26, ao transporte de pessoas. Por estranho que possa parecer, o Decreto 2.681, de 1912, está em pleno vigor, muito pouco mudado neste quase século de existência. O decreto dispõe, em parte, algumas disposições do Decreto 1.832/96, que estabeleceu o Regulamento dos Transportes Ferroviários.

TRANSPORTE DE PESSOAS

Vejamos então no que toca aos passageiros. A estrada de ferro (transportadora) responderá pelos desastres que, nas suas linhas, sucederem ao passageiro e de que resulte a morte, ferimento ou lesão corpórea. A culpa será sempre presumida, só se admitindo em contrário caso fortuito, ou força maior comprovado ou culpa provada do passageiro, não culpa da transportadora. Serão solidários entre si e com a transportadora os agentes por cuja culpa se der o acidente. Em relação a estes, terá a transportadora direito regressivo. Se o desastre acontecer nas linhas de uma estrada de ferro por culpa de outra, haverá em relação a esta direito reversivo por parte da primeira.

Ferimento: neste caso a indenização será equivalente às despesas do tratamento e aos lucros cessantes durante ele.

Morte: a estrada de ferro responderá por todas as despesas e indenização, a arbítrio do juiz, a todos aqueles aos quais a morte do passageiro privar de alimento, auxílio ou educação.

Desastre: a transportadora (estrada de ferro) também responderá pela avaria ou perda das bagagens que os passageiros levarem consigo, embora não despachadas.

Atraso de trens: excedido o tempo de tolerância que os regulamentos concederem para a execução dos horário não tendo sido o fato determinado por força maior, a transportadora ferroviária responderá pelos prejuízos que daí resultarem ao passageiro. A reclamação deverá ser feita no prazo de um ano.

A estrada de ferro responderá ainda quando o passageiro provar que não pôde realizar a viagem por ter sido suspenso ou interrompido o tráfego ou por ter sido suprimido algum trem estabelecido no horário ou por não ter encontrado lugar nos vagões da classe para a qual tiver comprado passagem. Ela também responderá por todos os danos que a exploração das suas linhas causar aos proprietários marginais.

Cessará, porém, a responsabilidade se o fato danoso for consequência direta da infração, por parte do proprietário, de alguma disposição legal ou regulamentação relativa a edificações, plantações, escavações, depósito de materiais ou guarda de gado à beira das estradas de ferro.

Transporte de Coisas

A transportadora ferroviária será responsável pela perda total ou parcial, furto ou avaria das mercadorias que receber para transportar. A culpa será sempre presumida. Há sete exceções, desde que devidamente provada, pela estrada de ferro, a ausência de culpa sua, que vamos expor:

– Nos casos em que concorrer a culpa da transportadora com a do remetente ou do destinatário, será proporcionalmente dividida a responsabilidade. Essa responsabilidade começará ao ser recebida a carga no terminal ferroviário pelos empregados da estrada de ferro, antes mesmo do despacho, e terminará ao ser efetivamente entregue ao destinatário. Será presumida a perda total 30 dias depois de findo o prazo marcado pelos regulamentos para a entrega da mercadoria. Será obrigatório por parte do remetente, a declaração da natureza e valor das mercadorias que forem entregues fechadas. Se a transportadora presumir fraude na declaração, poderá verificar, abrindo o caixão, fardo, ou qualquer invólucro que as contenham. Demonstrada, porém, a verdade da declaração feita pelo remetente, a estrada de ferro, sem demora e a expensas suas, acondicionará a mercadoria novamente tal qual se achava.

Nos casos de atraso de entrega das mercadorias, a transportadora perderá, em favor do proprietário da mercadoria, uma parte do preço do transporte, proporcional ao tempo do atraso. Se pelo particular for provado que a demora causou-lhe um dano maior, por ele responderá a transportadora ferroviária, até a importância máxima correspondente ao valor da mercadoria. Serão excetuados os casos de força maior e culpa do remetente ou destinatário. No caso de dolo por parte dos agentes ou empregados da estrada de ferro, esta responderá por todo o prejuízo causado.

A perda ou avaria das bagagens não despachadas que acompanham os passageiros e ficam sob sua guarda, ou seja, a bagagem de mão, está isenta de indenização. O passageiro é responsável por ela. Excetua-se se for provada culpa ou dolo por parte dos agentes ou empregados da transportadora.

A estrada de ferro é obrigada a aceitar a expedição de cargas para suas estações e para as de quaisquer linhas a que estejam diretamente ligadas. Ela exerce um serviço público e não pode dar privilégios ou fazer discriminações. Geralmente exerce um monopólio e por isso não pode negar seus serviços, sem motivos previstos em lei, a qualquer pessoa que necessite deles. Nem poderia dar descontos e fazer acréscimos nas tarifas; seria uma discriminação.

Se o transporte tiver que ser realizado por várias estradas, isto é, a carga passa de uma para outra, há responsabilidade de todas elas. Por exemplo, uma mercadoria é despachada para Caruaru, em Pernambuco. É entregue em São Paulo à estrada de ferro, que aceitou a expedição; depois é entregue a outra estrada de ferro que a leva até Recife, e, em seguida, passa para outra, que entregará a carga em Caruaru. Neste caso, a ação de indenização por perda, furto ou avaria poderá ser contra a primeira, que aceitou a expedição, ou contra a que entregou a carga em Caruaru, ou contra a intermediária em cuja linha ficar provado que ocorreu a perda, furto ou avaria.

O art. 6º do Decreto 2.681/1912 estabelece disposição já superada, a respeito da indenização nos casos de perda ou furto: será equivalente ao preço corrente da mercadoria no tempo e no lugar em que devia ter sido entregue. O Decreto 1.832/96 diz que o valor da indenização será o valor da mercadoria declarado no conhecimento de depósito; sendo este mais recente, revoga a disposição anterior. Além do mais, esse critério é mais objetivo e seguro, dando um valor exato, que é estabelecido pelo próprio expedidor; este não poderá reclamar valor maior do que aquele que ele mesmo orçou.

As ações judiciais oriundas do contrato de transporte por estrada de ferro por motivo de perda ou avaria poderão ser intentadas pelos que tiverem recebido a mercadoria ou tenham direito a recebê-la, seus herdeiros e cessionários. Para a ação ser intentada pelo remetente, seus herdeiros ou cessionários deverão apresentar as duas vias da nota da expedição nos casos em que elas são exigidas ou autorização do destinatário.

A liquidação da indenização prescreverá no fim de um ano, a contar da data da entrega, nos casos de avaria, e, nos casos de furto ou perda, a contar do 30º dia após aquele em que, de acordo com os regulamentos, devia ter-se efetuado a entrega.

15. DECISÕES JURISPRUDENCIAIS SOBRE O CONTRATO DE TRANSPORTE

15.1.   Tendências da jurisprudência brasileira
15.2.   O endosso da passagem aérea
15.3.   Responsabilidade em transporte sucessivo
15.4.   Responsabilidade por dano moral
15.5.   Abalroamento no ar
15.6.   Cláusula limitativa da responsabilidade
15.7.   Crime no interior de veículo de transporte
15.8.   Começo e fim do contrato
15.9.   Objeto atirado contra o veículo
15.10. Responsabilidade objetiva e presumida
15.11. Atraso do passageiro ou do voo

15.1. Tendências da jurisprudência brasileira

Temos sugestiva jurisprudência antiga sobre o contrato de transporte, mas a moderna é ainda carente. Deve-se ao fato de nossa legislação referente ao transporte ser relativamente recente. A legislação anterior, que escorava farta jurisprudência, foi reformulada e ainda não houve tempo de ser elaborada jurisprudência baseada nas últimas leis. No capítulo I relacionamos essas leis e suas datas, que vamos repetir:

2006 – Convenção de Montreal sobre transporte aéreo

2002 – Código Civil

2001 – Transporte Aquaviário

1998 – Regulamento do Transporte Rodoviário

1998 – Transporte Multimodal de Cargas

1996 – Regulamento dos Transportes Ferroviários

1986 – Código Brasileiro de Aeronáutica

A nova legislação, entretanto, trouxe muitas modificações periféricas e superficiais, não modificando a essência do direito dos transportes. Por esta razão, a antiga jurisprudência tem ainda validade no moderno direito dos transportes. Acresce-se ainda outro fator que dificulta uma tendência muito centralizada da jurisprudência. O transporte aeronáutico e marítimo é de acentuado caráter internacional, enquanto o transporte terrestre faz com que seja ele muito ligado a problemas das regiões em que é utilizado e às normas de cada Estado e até de municípios, pois é um serviço sujeito ao ISS, imposto de competência municipal. É natural, portanto, que os tribunais de cada Estado julguem as questões sob influência de normas regionais e pensamento de cada região.

O transporte marítimo ainda se ressente de uma legislação moderna, dinâmica e específica. Revela-se todavia um tipo de transporte de predominância em carga. Além disso, o transportador é quase sempre uma empresa especializada e organizada, que opera com boa segurança. Não tem havido, por isso, muitas decisões jurisprudenciais, julgando problemas oriundos de contrato de transporte.

A ausência de um Código dos Transportes e o enorme desenvolvimento do transporte no mundo moderno provocaram pronunciamentos bem abrangentes de nossos tribunais. Formulou-se então rica jurisprudência, que veio formar autêntica doutrina e influenciar o aparecimento de normas reguladoras do transporte aéreo, bem como do rodoviário e ferroviário.

A jurisprudência brasileira manifesta-se entretanto no campo da responsabilidade civil, como aspecto de sua principal participação. Desenvolveu-se autêntica doutrina, modificando-se os critérios de interpretação, e restringindo-se as liberdades das partes no contrato de transporte. Tornou-se então a jurisprudência uma das principais fontes para o estudo da responsabilidade decorrente de um contrato de transporte.

Diversas transformações econômicas, sociais e políticas, secundadas pelo desenvolvimento tecnológico, vêm incrementando e alargando a aplicação do contrato de transporte. O aumento da produção obriga a intensa troca e o aquecimento constante das operações econômicas e mercantis nacionais e internacionais, obrigando os indivíduos a contatos pessoais frequentes. A população mundial aumenta em ritmo regular, concentrando-se principalmente nas grandes cidades, em que contatos exigem deslocamento a toda hora. São Paulo e Rio de Janeiro são exemplos vivos, o que justifica a complexa jurisprudência no campo dos transportes.

Essas necessidades de deslocamento provocaram notável desenvolvimento tecnológico nessa atividade. Da tração animal, passou ao domínio do motor. Do transporte marítimo passou a todo tipo imaginável de transporte: rodoviário, ferroviário, fluvial, hidrográfico e, até mesmo o transporte de tração animal, que está sendo resgatado no mundo atual. O Governo do Estado de São Paulo está anunciando a ampliação do Metrô, o que aumentará o fluxo diário para mais de 5 milhões de pessoas: isto significa que diariamente se formalizarão mais 5 milhões de contratos de transporte de pessoas por dia.

O contrato de transporte tornou-se, destarte, o contrato por excelência do mundo moderno; sua vulgaridade só é superada pelo de compra e venda. Com esse desenvolvimento rápido e desordenado, é natural que tenha surgido uma sucessão imensa de problemas que se fazem presentes em nosso Poder Judiciário. O mundo moderno do transporte vem fazendo surgir inúmeros prejuízos de ordem humana e material.

Tem-se afirmado que Rio de Janeiro e São Paulo vêm-se constituindo em capitais do crime. De forma acelerada, mata-se, mutila-se, estupra-se, ocasionando a perda de vidas preciosas e de bens materiais. Os órgãos de divulgação publicam com grande alarde notícias sobre esse estado de coisas. Entretanto, a estatística dos órgãos policiais indicam que os acidentes decorrentes de transporte ocasionam 20 vezes mais prejuízos humanos e materiais do que os crimes.

Essas perdas e danos avolumam-se constantemente e atingirão um nível insuportável se não houver um correspondente aperfeiçoamento e segurança na eficácia de nossos órgãos públicos, de nossa legislação dos transportes e mormente no funcionamento de nossa estrutura judiciária. Grande cópia de processos arrasta-se há diversos anos em nosso judiciário, aguardando solução. A natural morosidade judiciária inibe nosso poder judicante de restaurar as falhas dos órgãos controladores do tráfego.

Mesmo assim, nossa jurisprudência revolucionou o campo da responsabilidade civil e da teoria da culpa, abrindo novas perspectivas para a questão. Indubitavelmente, nossos tribunais encontraram um forte amparo em nossa legislação aeronáutica, cujos princípios puderam estender aos demais tipos de transporte.

A nossa legislação a respeito dos transportes prevê diversas disposições sobre responsabilidade contratual, responsabilidade por danos ao passageiro e à bagagem, à carga, em serviços remunerados e gratuitos, por abalroamento, e para com terceiros na superfície. Sente-se a influência jurisprudencial nas novas disposições, mas essas irão exigir novos pronunciamentos de nossa justiça superior, iniciando-se novo sistema de interpretação a respeito da responsabilidade. A tendência moderna da jurisprudência brasileira veio influenciar a nova legislação, levando-a a arredar a responsabilidade aquiliana e a instituir o tipo atual de responsabilidade no direito dos transportes como responsabilidade de natureza contratual, objetiva e de resultados.

Nosso direito distingue dois tipos de responsabilidade, a civil e a criminal. Esta última tem leve comunicação com a questão referente aos transportes. No caso de dolo por parte do transportador, incorre ele em responsabilidade criminal com reflexo na área civil. Raras vezes, entretanto, tem sido as alegações no âmbito judiciário quanto à prática de dolo, ficando frequente o levantamento de culpa.

Nota-se, nas decisões jurisprudenciais, um conceito estável a respeito da responsabilidade, considerada como a obrigação imputada a uma pessoa física ou jurídica, de satisfazer quaisquer perdas ou danos causados a outra pessoa, em decorrência da natureza do acordo ajustado entre essas pessoas, ou da lei, ou de atos praticados. Nem sempre se incluem na responsabilidade certos elementos como a culpa (negligência, imprudência ou imperícia) ou o dolo.

A jurisprudência brasileira aceitou, a princípio, a aplicação da lei aquiliana, visto encontrar nela os primórdios dos problemas da reparação de danos em decorrência de acidentes, delitos ou inadimplementos contratuais. Era um critério vulgarizado e aplicado de forma muito abrangente, sendo esperado que se alargaria na aplicação aos contratos. A ação de perdas e danos, a *actio legis aquiliae*, era amparada pela tradição romana, tendo sido descrita nas *Institutas* de Justiniano. A *Lex Aquiliae* prevê necessariamente existência de culpa por parte de quem tenha causado danos, ou por dolo. Esse tipo de culpa, chamada aquiliana, é extracontratual, pois se caracteriza pela inexistência de prévia obrigação contratual entre a vítima e o causador do dano.

A principal falha apresentada pela responsabilidade aquiliana é a de ser subjetiva e atribuir à vítima dos danos o ônus da prova. É a principal causa da evolução de nossa jurisprudência. A responsabilidade aquiliana, impondo à vítima o ônus da prova da culpa do transportador, revelou-se, nos nossos tempos, insatisfatória e injusta. Contudo, infelizmente, nosso Código Civil de 1916 foi resistindo ao tempo e mantendo-se a duras penas, tendo o projeto do novo código se arrastando no Congresso Nacional por 27 anos.

A aplicação do Decreto 2.681, de 1912, que regulou a responsabilidade das estradas de ferro, aos acidentes ocorridos em ônibus, barcas e até elevadores consagrou-se, indiscutivelmente, na jurisprudência. Nossa jurisprudência foi levando assim a responsabilidade por danos à pessoa ou à carga a novo patamar: é responsabilidade decorrente do contrato ou da lei, de natureza objetiva. O transportador assume obrigação de resultados: compromete-se contratualmente a levar o passageiro ou a carga ao seu lugar de destino e se não o faz, não atingiu o resultado desejado, portanto, é responsável pelo seu fracasso.

15.2. O endosso da passagem aérea

Decisão do 1º Tribunal de Alçada de São Paulo, em 6.8.1985, por votação unânime, da Apelação 340.517.

EMENTA
CONTRATO DE TRANSPORTE AÉREO – Ação de ressarcimento de danos porque, foi recusado no exterior, o endosso da passagem a outra companhia. Providência que não constituía obrigação da ré. Improcedência da ação.

Por meio deste tipo de contrato, o transportador se obriga a receber pessoas (ou coisas), levando-as e trazendo-as de volta ao seu destino (quando for o caso), devendo fazê-lo com segurança, presteza e conforto. Esta atividade se realiza, em regra, sob a forma de contrato de adesão.

ACÓRDÃO
Vistos, relatados e discutidos: ...
Acordam, em 7ª Câmara do Primeiro Tribunal de Alçada Civil, por votação unânime, dar provimento parcial ao recurso.

Ação ordinária de ressarcimento de danos cumulada com a rescisão de contrato de financiamento.

A sentença julgou-a improcedente; cassou a liminar concedida no apenso e autorizou o levantamento, pela autora, das quantias depositadas, depois de deduzidas as verbas de sucumbência. Custas processuais e honorários pela vencida.

Esta apelou, buscando a reforma do julgamento. Sobre o recurso, manifestou-se a parte contrária. O preparo foi regularmente observado e este é o relatório.

Cuida-se do contrato de transporte; por meio deste tipo de contrato, o transportador se obriga a receber pessoas (ou coisas), levando-as e trazendo-as de volta ao seu destino (quando for o caso), devendo fazê-lo com segurança, presteza e conforto.

Esta atividade se realiza, em regra, sob a forma de contrato de adesão (Orlando Gomes, Contratos, p. 360). Tratando-se de transporte aéreo, a par das condições gerais inerentes a todo contrato dessa natureza (transporte), aduzem-se aquelas previstas na legislação específica: no Brasil, pelo Código Brasileiro do Ar e legislação interna pertinente; se o transporte é internacional, aplicam-se as convenções internacionais e os acordos bilaterais, em especial a Convenção de Varsóvia, de 12.10.1929, e o Protocolo de Haia, de 28.9.1955, que modificou alguns de seus artigos; além de outras convenções.

Toda essa legislação, aperfeiçoada à medida que o progresso e a facilidade de comunicação vieram alterar por completo a perspectiva desse setor, trouxe o intuito de estabelecer normas relativas ao transporte aéreo de pessoas e coisas, buscando solucionar problemas atinentes à polícia internacional, disciplina de imigração, liberdade de sobrevoar território estrangeiro, logística dos aeroportos, eventualidade do pouso de emergência, etc. A par disso, os bilhetes de passagem aérea descrevem as condições gerais do contrato, bem como os avisos referentes à limitação de responsabilidade e assim também as obrigações do usuário e da transportadora.

Mas não é só. A empresa tem estabelecidas, de antemão, as condições desse contrato:

El usuário, desde el momento em que adere al documento de transporte, queda automaticamente sometido a las preestabelecidas condiciones. (Enrique Mapelli Lopes: "El contrato de transporte aéreo internacional"). *Pressupõe-se que este contrato esteja de acordo com as normas internacionais assinaladas e tenha obedecido à lei específica do país onde se realizou, bem como às disposições de caráter administrativo e às normas de serviço aéreo pertinentes à matéria. E, finalmente, às normas ditadas pela empresa transportadora.*

Por isso se diz que tais circunstâncias caracterizam o contrato de transporte aéreo como contrato de adesão. Neste caso concreto, a autora adquiriu dois bilhetes de passagem, ali se consignando a obrigação de a empresa transportá-la, bem como a filha, de São Paulo, Brasil, até a Cidade do México. E se consignou, também, a obrigação de a empresa trazê-la de volta da referida capital até São Paulo. É o que demonstram os bilhetes que instruíram a inicial.

O pagamento do preço se convencionou mediante contrato de abertura de crédito, tendo a autora cumprido a sua respectiva obrigação, com o pagamento da entrada e depósito em juízo das prestações subsequentes.

Alega a autora que a empresa não cumpriu a obrigação que lhe correspondia, porque se recusou a lhe fornecer o endosso das passagens aéreas para outra companhia, impedindo-a, assim, de seguir viagem junto com seu marido, da Cidade do México para Santiago do Chile; por isso, pretende o ressarcimento pelos danos que tal recusa lhe causou.

Ainda que plausíveis os argumentos que expendeu, quando se aborda o campo da confiança e boa-fé que deve nortear, em princípio, toda espécie de transação, situada a questão no seu campo jurídico, a pretensão improcede.

E improcede, por força dos mesmos motivos apontados no julgado recorrido, que aqui se repetem: não se duvida da boa-fé da autora nem se contesta que tenha ela dado preferência à empresa-ré inclusive na suposição de que o endosso lhe seria franqueado, mas esta suposição unilateral não lhe proporcionava o direito que durante a viagem pretendeu obter.

Posta a questão nos lindes do contrato, vê-se, pois, que a autora não tinha o direito de exigir o endosso, porque este não constituía obrigação da ré. Esta, por certa, poderia concedê-lo, querendo, mas não é obrigação, é faculdade. Não há nos autos nenhum elemento pelo qual se possa afirmar tivesse a ré a obrigação de efetuar o endosso a diversa companhia aérea; e não há prova, também, de que isto tenha sido prometido quando da realização do contrato de transporte.

É por esta razão que a ação não prospera; abstraídos todos os demais aspectos abordados em razões de recurso, e que foram rebatidos nas contrarrazões da apelada, há que se ater unicamente ao ponto central da controvérsia: a concessão ou não do endosso, pois não há dúvida de que se o endosso houvesse sido concedido, a ação sequer teria lugar. Mas, quando se viu, neste aspecto, a autora não tem razão.

Resta examinar, finalmente, o seguinte aspecto complementar: verificar-se que, nesta altura, o contrato de transporte acabou sendo integralmente cumprido por ambas as partes: a ré levou e trouxe de volta a autora e a filha; e a autora, mercê dos depósitos que efetuou, acudiu a todas as prestações que no curso da ação foram se vencendo.

Assim, em termos do contrato, o serviço foi cumprido, bem como se pagou o preço dele; de tal modo, não se justifica a parte final do dispositivo da sentença, quando ali se autoriza o levantamento das importâncias depositadas pela autora, depois de deduzidas as verbas de sucumbência.

Na verdade, nessa parte, o recurso da autora fica provido para os seguintes fins: considera-se efetuado o pagamento do preço do transporte, liberados os depósitos em favor da ré, que poderá levantá-los mediante autorização judicial. As custas e honorários correrão por conta da vencida, procedendo-se, quanto a estas verbas, da forma como prevê a lei. No mais, fica mantida a sentença de primeiro grau.

ANÁLISE E COMENTÁRIOS

Essa decisão do 1º TAC-SP, ao julgar a Apelação 340.517, versa sobre o endosso da passagem, sobre sua cessão. Entra, porém, em diversas considerações, inclusive estabelecendo, para os fins de julgamento, um conceito de contrato de transporte. O conceito exposto amolda-se aos mais diversos conceitos apresentados no início deste compêndio; expõe a principal obrigação do transportador, mas silencia quanto à do passageiro. A definição poderia se completar com um tópico: "mediante o pagamento de um preço determinado". Aliás, a declaração do voto vencedor faz referência a essa contrapartida.

Da obra de Orlando Gomes foi extraída a classificação do contrato de transporte como um contrato de adesão. A este respeito, fizéramos amplas considerações no início de nosso compêndio, transcrevendo palavras do ilustre mestre. Confirma, contudo, o acórdão a característica do contrato de transporte como um contrato de adesão.

Ao citar a legislação motivadora do acórdão, ficou apontado o CBA como norma reguladora do transporte aéreo nacional, e a Convenção de Varsóvia, do transporte aéreo internacional. A este respeito, é conveniente frisar que a Convenção de Varsóvia não é apenas uma lei internacional mas também nacional, pois foi promulgada no Brasil. Foram também transformadas em leis nacionais a Convenção de Haia e a de Montreal, que modificaram parcialmente a Convenção de Varsóvia.

Deflui-se ainda do acórdão que o bilhete de passagem é o instrumento formalizador do contato de transporte, embora não contenha assinaturas. As cláusulas do contrato de transporte estão nele impressas em letras microscópicas. No processo em questão, a autora juntou o bilhete de passagem como prova do contrato estabelecido.

O aspecto crucial da questão é, entretanto, a cessão do contrato pelo transportador a outro, o endosso do bilhete de passagem, transferindo a obrigação de transportar a outro transportador. No presente caso, a autora-apelante da ação adquiriu passagem de ida e volta, do Brasil ao México; ao voltar, queria viajar por outra empresa aérea, mas o transportador recusou-se a dar o endosso na passagem, obrigando a passageira a retornar pela própria transportadora.

Embora a ação judicial fosse de reparação de danos, o que ficou em discussão foi o endosso de passagem. Em nosso compêndio traçamos considerações sobre o bilhete de passagem; é um documento comprobatório do contrato de transporte e as obrigações contratuais são normalmente intransferíveis. Por esta razão, o bilhete de passagem é, em princípio, intransferível.

O dinamismo da vida moderna e o grande avanço dos meios de transporte, todavia, fizeram com que as empresas transportadoras de diversos países, principalmente as aéreas, celebrassem um acordo pelo qual a empresa emissora da passagem poderia endossá-la a outra, facilitando a viagem de um passageiro mais apressado. Há vários anos a ponte aérea São Paulo-Rio opera desta forma: o passageiro adquire passagem por uma empresa e pega o avião de qualquer outra empresa, graças ao endosso que se faz no próprio aeroporto e no momento de embarque.

Entretanto, foi acordo entre as transportadoras e não entre elas e o público. Não há convenção ou lei interna que cogite essa possibilidade. Em princípio, o bilhete de passagem é um título de crédito e portanto transferível, como se fosse uma nota promissória. Todavia, a nota promissória pode ser transferida por endosso, mas essa transferência não é obrigatória; assim também sucede com a passagem. O 1º TAC confirmou a sentença de primeiro grau, pelo fato de não constar no contrato de transporte e na legislação específica qualquer obrigação de transferir a passagem para outro transportador. Como bem acentuou o acórdão, é uma faculdade e não uma obrigação.

15.3. Responsabilidade em transporte sucessivo

RESPONSABILIDADE POR DANOS EM TRANSPORTE SUCESSIVO INTERNACIONAL AÉREO

SUPREMO TRIBUNAL FEDERAL – Acórdão unânime da Primeira Turma – RE 96.864-4-RJ – Partes: Vasp e Varig x Yutaka Saito

TRANSPORTE AÉREO – CONTRATO CELEBRADO NO EXTERIOR – TRANSPORTE SUCESSIVO – RESPONSABILIDADE DOS TRANSPORTADORES AÉREOS

Se a empresa transportadora celebra no exterior contrato de transporte para o Brasil, emitindo bilhete de passagem cobrindo o percurso internacional e o percurso em território brasileiro, e, cumprindo o primeiro trecho, entre o passageiro a outra transportadora para complementar a viagem, é solidariamente responsável com essa segunda transportadora em cuja aeronave vem a falecer de acidente o passageiro.

Caracteriza-se, no caso, o transporte sucessivo. Não cabe decidir a controvérsia acerca da responsabilidade das empresas transportadoras tão-só com a invocação da regra que define o transporte sucessivo, cabendo ter presente também a regra que define a solidariedade.

A responsabilidade por todo o percurso há de se entender assumida pela primeira transportadora, que emitiu o bilhete na origem da viagem, comprometendo-se com o passageiro a levá-lo são e salvo ao ponto do destino, pouco importando que haja delegado o transporte do segundo trecho a outra transportadora.

O valor da indenização há de ser apurado não de acordo com o CBA, como transporte nacional, mas com aplicação dos limites da Convenção de Varsóvia, então de 250.000 francos-ouro, conversíveis em moeda nacional na data da liquidação, com os acréscimos da indenização da bagagem, as custas e os honorários. Na espécie não cabe invocação do acordo de Montreal, embora a transportadora o haja subscrito, porque o fato de ter escalado a aeronave em território dos EUA não atrai a aplicação dessa Convenção.

ANÁLISE E COMENTÁRIOS

Estabelece esse acórdão, julgando o Recurso Extraordinário 96.854-4, estável opinião sobre o transporte sucessivo, reforçando sua importância o fato de ter sido proferido por unanimidade pela nossa mais alta corte de justiça.

Dois cidadãos japoneses contrataram em Tóquio, com a Varig, uma viagem de Tóquio a Belo Horizonte. A transportadora emitiu dois bilhetes para cada passageiro; um de Tóquio ao Rio e outro do Rio a Belo Horizonte. Ao chegar ao Rio, os dois passageiros embarcaram em avião da Vasp para Belo Horizonte, tendo a Varig endossado a passagem a favor da Vasp. O avião da Vasp acidentou-se, tendo falecido os dois passageiros, logo depois de decolar voo, tendo assim o acidente como local o Rio de Janeiro, razão por que a ação de indenização foi empreendida naquela comarca.

Os familiares dos falecidos propuseram ação ordinária de indenização contra a Vasp e a Varig, na comarca do Rio de Janeiro, tendo sido considerada procedente em primeira instância. As transportadoras apelaram, sendo, porém, mantida a decisão judicial.

Inconformadas, apresentaram ao STF o Recurso Extraordinário 96.864-4, não tendo obtido êxito, pois, em acórdão unânime, o STF não acolheu as alegações. Nesta ação, as partes invocaram vários institutos jurídicos, como a Convenção de Varsóvia, as de Montreal e Guadalajara, bem como o CBA.

Os familiares dos acidentados alegaram que houve um contrato de transporte sucessivo com a Varig ao qual aderiu a Vasp, e tinham como pretensão receber uma indenização pela morte dos passageiros e pela bagagem perdida. Pretendiam ainda a devolução do preço pago da passagem, exceto o trecho de Tóquio ao Rio, que foi cumprido.

Como o avião da Varig, ao vir de Tóquio ao Rio, pousou nos EUA para reabastecimento, os reclamantes querem a aplicação do acordo de Montreal, que prevê indenização superior ao limite estabelecido pela Convenção de Varsóvia.

A Varig contestou a ação, protestando pela ausência de culpa de sua parte, pois o acidente se deu em avião de outra empresa. A Varig alega que agiu apenas como agente da Vasp. A Vasp, por sua vez, alegou que não era parte no contrato, pois este foi celebrado entre a Varig e os passageiros. Não poderiam ser aplicadas a ela convenções internacionais, porquanto estas se aplicam apenas ao transporte internacional, tanto que o acidente se deu num voo do Rio a Belo Horizonte. A seu modo de ser, aplicar-se-ia, neste caso, o CBA.

A sentença e o acórdão foram fundamentados na Convenção de Varsóvia, sendo afastados o CBA, por ter sido considerado transporte internacional, a Convenção de Montreal, porque não era um voo com escala nos EUA, mas apenas para abastecimento, e a Convenção de Guadalajara, porque eram apenas transportadoras contratuais. Partindo, todavia, do próprio CBA, justifica-se a aplicação das convenções internacionais, nos termos do art. 1º:

*O Direito Aeronáutico é regulado pelos Tratados,
Convenções e Atos Internacionais de que o Brasil seja parte,
por este Código e pela legislação complementar.*

As três convenções consultadas para o julgamento foram ratificadas pelo Brasil e transformadas em lei nacional. A Convenção para Unificação de Certas Regras Relativas Ao Transporte Aéreo Internacional Realizado por Outra Pessoa que não o Transportador Contratual, realizada em Guadalajara, invocada por este acórdão, cuida principalmente do transporte sucessivo.

O aspecto básico deste caso foi a alegação da Vasp de que não lhe cabia responsabilidade, por não ter sido parte no contrato de transporte, visto que o contrato foi assinado entre Varig e os passageiros. O acórdão acolheu a tese dos autores da ação, de que houve solidariedade entre as duas transportadoras por ter havido transporte sucessivo. O transporte sucessivo, conforme comentário nesta tese, é o prestado por um transportador que, não tendo condições momentâneas de cumpri-lo totalmente, serve-se de outro transportador, para complementar a viagem.

Foi o que aconteceu no caso em tela; a Varig tinha que levar os passageiros até Belo Horizonte, mas seu avião encerrava a viagem no Rio de Janeiro e outro da Varig que pudesse levar os passageiros a Belo Horizonte só sairia no dia seguinte. A Varig endossou a passagem a favor da Vasp, encaminhando os passageiros à Vasp, que embarcaram em avião desta última. É caso típico de transporte sucessivo.

Não seria sucessivo se os passageiros chegassem ao Rio, procurassem a Vasp por iniciativa deles e adquirissem o bilhete de passagem; mas não foi o que aconteceu; as passagens Rio-Belo Horizonte foram adquiridas na agência da Varig em Tóquio, tendo sido os bilhetes de passagem emitidos por ela, que, depois, estabeleceu conexão com a Vasp.

Como o fundamento legal do acórdão foi a Convenção de Varsóvia, será nela que iremos encontrar as disposições a este respeito. O art. 1º dessa Convenção deixa clara a sua consideração de transporte sucessivo:

O transporte que tenha de ser executado por vários transportadores aéreos, sucessivamente, será considerado, para a aplicação desta Convenção, como um transporte único, quando tiver sido considerado pelas partes como operação única, ultimado por meio de um único contrato ou por série de contratos, e não perderá seu caráter de internacional pelo fato de um só ou uma série de contratos devam-se executar integralmente dentro de um território reduzido à soberania, jurisdição, mandado ou autoridade de uma mesma Alta Parte Contratante.

O STF está aplicando no julgamento deste caso a Convenção de Varsóvia e este artigo aplica-se-lhe integralmente. Foi celebrado um só contrato, com a partida em Tóquio e destino em Belo Horizonte; foi "considerado pelas partes como operação única". A parte final do artigo deixa claro que o fato de um contrato ter-se executado no Brasil não lhe tira o caráter de transporte internacional e sucessivo. Aliás, a própria Convenção dá um conceito de transporte internacional, como aquele em que haja pontos de partida e destino em dois países diferentes, haja ou não interrupção de transporte ou transbordo.

Ficou assim acolhida a alegação dos autores do processo, de que se trata de um só contrato de transporte, internacional e sucessivo, com a aplicação da Convenção de Varsóvia. O critério adotado pela Convenção projetou-se no CBA, razão pela qual o STF chegaria a idêntica decisão, caso tivesse sido aplicada nossa lei.

O segundo aspecto a ser decidido na questão foi o valor da indenização a ser paga pelos transportadores, ou, mais precisamente, a sua limitação. A pretensão dos autores ia além do limite estabelecido na convenção, de 125.000 francos, ou, considerados por alguns, como 250.000 francos-poincaré (equivalente a aproximadamente 20.000 dólares americanos).

Cabe preliminarmente, um exame de ambas as disposições. O limite de responsabilidade do transportador em transporte aéreo internacional ficou estabelecido no art. 22 da Convenção da Varsóvia, nas bases abaixo:

1. No transporte de pessoas, a responsabilidade do transportador para cada passageiro limitar-se-á ao montante de 125.000 francos. No caso em que, segundo a lei e a justiça competente, a indenização puder ser fixada em forma de renda, não poderia ultrapassar esse limite.

2. No transporte de bagagens registradas e de mercadorias, a responsabilidade do transportador limitar-se-á ao montante de 250 francos por quilo, salvo declaração especial no caso em que o remetente entrega ao transportador os pacotes mediante o pagamento de uma cota adicional eventual. Neste caso, o transportador terá obrigação de pagar o valor declarado, a menos que prove que esse valor é superior ao valor real da mercadoria no momento em que fizer a entrega dela ao transportador.

3. No tocante aos objetos que o passageiro conserva consigo, a responsabilidade do transportador limitar-se-á a 5.000 francos para cada passageiro.

4. As quantias acima indicadas referem-se ao franco francês de 65,5 milligramas de ouro. Poderão ser convertidos em moeda nacional em números redondos.

Lembremo-nos também de que estamos falando sobre decisões da justiça tomadas antes da Convenção de Montreal, promulgada no Brasil pelo Decreto 5.910/2006, modificando os limites e os critérios da indenização por danos.

O avião em que vieram as vítimas era da linha Tóquio-Rio, mas fez parada em Los Angeles, para reabastecimento e, provavelmente, deve ter descido ou subido algum passageiro. Por essa razão, os autores quiseram enquadrar esse transporte no acordo realizado em Montreal, para receberem indenização de 75.000 dólares por vítima. Nesse aspecto, a família das vítimas não foi feliz. Reconheceu o Pretório Excelso que esse acordo não poderia se aplicar a esse voo, por não ter ponto nos EUA mas um pouso rápido, fora da escala, só para o abastecimento, tanto que os passageiros foram obrigados a permanecer no avião durante o pouso.

Outra pretensão dos familiares das vítimas era a indenização pela bagagem. Alegou a Vasp que não constava nos autos nenhuma prova dessas perdas. Também neste aspecto houve a procedência da ação, condenando-se ambas as transportadoras a pagar solidariamente a indenização de 5.000 francos pela bagagem de mão. O fundamento da decisão é a de que vigora a presunção de culpa do transportador; no caso de força maior, cabe-lhe provar. Atribuir o ônus da prova à vítima seria adotar o critério aquiliano, mesmo porque a bagagem normalmente é destruída no acidente, tornando, portanto, muito pesado ônus da prova para a vítima. Presume-se ainda a existência da bagagem, pois não é crível que um cidadão saia de Tóquio a Belo Horizonte sem trazer nenhuma bagagem, considerando-se ainda que faz parte da bagagem a vestimenta do passageiro.

Há neste caso um outro fator a ser considerado, embora seja um fator extra. As vítimas tiveram seus direitos reconhecidos e acabaram recebendo a indenização prevista em lei quase 20 anos depois do acidente, após esforços homéricos, aborrecimentos e gastos. A surrada frase de que a justiça tarda mas não falha é uma balela: se a justiça tarda ela já é falha, ou melhor, justiça tardia é justiça inexistente. Devemos pensar melhor neste assunto.

15.4. Responsabilidade por dano moral

RESPONSABILIDADE CONTRATUAL – TRANSPORTE DE PASSAGEIRO – INDENIZAÇÃO A COMPANHEIRA – DANO MORAL DESCABIDO

Na indenização oriunda de responsabilidade civil, por falecimento de passageiro em consequência de queda de trem em que viajava, devida à companheira da vítima, não se cumulam o ressarcimento do *pretium doloris* e o referente ao dano material.

STF – Acórdão unânime de 1ª turma, publicado no DJ de 19.3.1983, RE 95.908-RJ – Rel. Min. Soares Munhoz – RFFSA x Rosa José Nazareth de Araújo.

RESPONSABILIDADE CIVIL – ACIDENTE FERROVIÁRIO – MORTE DE MENOR – DANO MORAL E DANO MATERIAL
STF – Acórdão unânime da 2ª Turma, publicado no DJ de 3.9.1982 – RE 97.488-RJ.

Firme é a jurisprudência do STF no sentido de que na indenização concedida aos pais, decorrente da morte do filho menor em acidente ferroviário, não se cumula o ressarcimento do dano moral com o material.

RESPONSABILIDADE CIVIL – DANO MORAL – NÃO RESSARCIMENTO COMO VERBA AUTÔNOMA
STF – Acórdão unânime da 2ª Turma, publicado em 8.4.1983 – RE 98.399-6-RJ – RFFSA x Inácia Barros Batista

Encontra-se assentado na jurisprudência do STF que a indenização concedida aos pais do menor vitimado em acidente de trem, paga à base de pensão alimentícia, inclui a indenização por dano moral.

ANÁLISE E COMENTÁRIOS
O dano moral é uma realidade imensurável pelo direito, e, para sua compreensão, teremos que apelar para a psicologia. Estamos à frente de um fenômeno psicológico intimamente ligado a outros, como a emoção, a paixão, o ódio e o amor, o grau de relacionamento familiar e outros tantos aspectos subjetivos.

É considerado como uma sensação desagradável que sucede no íntimo de uma pessoa nos momentos que se seguem a um acidente ou incidente. É um estado penoso da sensibilidade humana. Como diz um acórdão, a dor, a tristeza, a emoção, a saudade, o sofrimento constituem o conteúdo do dano moral. É uma realidade psicológica, mas não estranha ao direito.

Muitas dificuldades apresenta a indenização por danos morais, a de estabelecer um critério de reparação. Por isso, a maioria de nossos magistrados diverge de alguns que opinaram pela autonomia da indenização por dano moral. Indenizar é refazer o dano. Se houver perda da bagagem registrada, a vítima recebe um valor à altura do preço da bagagem registrada. Assim ocorre no âmbito patrimonial.

Se os pais perdem o filho em desastre, como se fará para refazer o dano? Será devolvida a vida do filho? O pagamento de uma indenização pecuniária reparará a vida perdida, desfará a morte? A dor moral poderá ser anulada mediante um pagamento em dinheiro? Contraditório ainda é o critério de cumulação ou não de duas indenizações: por dano moral e por dano material. Surgiram assim duas dúvidas principais:

1 – Cabe indenização financeira por dano moral?

2 – Se couber, a indenização deve ser paga cumulada com o dano material ou isoladamente?

As decisões judiciais têm sido desencontradas, mas hoje já se chegou a um ponto mais estável. A opinião geral é a exposta nos acórdãos acima referidos. O dano moral deve ser reparado, mas a indenização fica incluída no pagamento da indenização por dano material. O STF já esposou essa teoria, como vimos. Todavia, os fatos e as circunstâncias que os cercam são, geralmente, bem diferentes. Tratam-se, ainda, de fatos de intenso colorido afetivo, de repercussão humana e social muito complexa. Não vemos, por isso, contradição nas soluções díspares. Cada fato é interpretado por um prisma específico e casos muito diferentes exigem que a lei deva ser aplicada com matiz adequado a cada um.

Diversos outros fundamentos foram invocados para a adoção da teoria da cumulatividade. Há um mesmo fato gerador da obrigação de reparar os danos morais e econômicos; as partes são as mesmas. Não se vê, pois, motivo para se adotar duas indenizações; uma absorve a outra.

Outro aspecto decidido pelo Supremo foi a não adoção do dano moral se a reparação de danos for requerida pela própria família da vítima. Não reconheceu o Supremo direito à família por dano moral, tendo adotado o critério de que este se trata de direito subjetivo da própria vítima, como, por exemplo, se sofrer uma lesão corpórea deformante em decorrência do acidente. Basearam-se os acórdãos no Decreto 2.681, de 1912, que regula o transporte ferroviário, que, até agora, não foi revogado. O Regulamento dos Transportes Ferroviários, estabelecido pelo Decreto 1.832/96 silencia a este respeito.

Assim diz o Decreto 2.681/1912, no seu art. 21:

> *No caso de lesão corpórea ou deformidade, à vista da natureza da mesma e de outras circunstâncias, especialmente a invalidez para o trabalho ou profissão habitual, além das despesas com o tratamento e os lucros cessantes, deverá pelo juiz ser arbitrada uma indenização conveniente.*

Chegou assim à conclusão de que, em certos casos, caberá reparação por dano moral, se for reclamado pela própria vítima, mesmo assim, cumulativamente com a reparação por danos materiais. Não caberá, porém, a reparação por dano moral à família da vítima, em decorrência de acidente ferroviário. Aplica-se o mesmo ponto de vista a outros tipos de transporte, além do ferroviário.

Vamos justificar o critério adotado pelo Decreto 2.681/1912, que fundamenta decisões judiciais e jurisprudenciais. Um modelo fotográfico sofre acidente e fica com o rosto deformado: seria trágico para o exercício de sua profissão, com inegáveis prejuízos financeiros. Até mesmo uma pessoa simples como uma empregada doméstica; fica com o rosto deformado e encontrará dificuldades em ser aceita pela sua apresentação. Se a vítima morrer, não iria enfrentar esse problema. A descrição constante do art. 21 foi tomada pelo colendo como uma definição para o dano moral, discordando da opinião de vários magistrados, que consideraram o dano moral sob o ponto de vista exclusivamente sentimental.

15.5. Abalroamento no ar

ACIDENTE AÉREO – ABALROAMENTO DE AERONAVES NO AR – CULPA CONCORRENTE – INDENIZAÇÃO

Acórdão da 1ª Turma do STF – RE 95.547-SP – Vasp x James Ou Yung x Dora Leurenroth Moreira

Indenização pela morte de passageiro resultante da culpa concorrente dos pilotos das duas aeronaves que colidirem em pleno vôo. Ressarcimento que não se limite à garantia securitária.

ANÁLISE E COMENTÁRIOS

Embora se trate de questão julgada em 30.8.83, trata-se de acidente ocorrido em 26.1.1962, mais de 20 anos antes. O acidente se deu sob a vigência do CBA de 1938 (Decreto-lei 483); na data do julgamento vigorava o Código de 1966 (Decreto-lei 32). Hoje, ano de 2009, estamos com o novo Código Brasileiro de Aeronáutica (Lei 7.565/86).

Em 1962, um avião de passageiros da Vasp colidiu com um avião particular, nele morrendo um jornalista. A família da vítima entrou com pedido de indenização contra a empresa aérea e o dono da outra aeronave, obtendo a procedência, embora a Vasp tivesse sido excluída da indenização, por ter sido atribuída toda a culpa à outra aeronave.

Apelou à segunda instância a autora, que não se conformou com a exclusão da Vasp, e o réu condenado também apelou. Foram os autos ao Tribunal de Justiça, que declinou de sua competência por considerá-la da Justiça Federal, indo os autos ao TFR, que acolheu parcialmente a autora. A Vasp e o outro réu interpuseram Recurso Extraordinário ao STF, alegando incompetência da Justiça Federal e aplicação inadequada da lei, pois foram adotados critérios previstos pela Constituição de 1945 e pelo CBA de 1938, quando o julgamento foi em 1980.

É difícil analisar os critérios dos ministros do STF, em vista da mudança da Constituição Federal e dos Códigos de Aeronáutica, fazendo com que as disposições se misturassem. Preferimos então fazer predominar as nossas considerações, baseadas na legislação vigente então, que é a da data do julgamento pelo STF.

O abalroamento é um acidente muito comum no transporte sobre veículos automotores. É possível também no transporte marítimo, tanto que dele tratou nosso Código Comercial de 1850 sob o título "Do Dano Causado por Abalroação", que ainda está em vigor. Não deve ser acontecimento raro nem recente, pois o abalroamento marítimo é regulamentado pela legislação de diversos países, já há alguns séculos. Perante o direito da França e da Bélgica é conhecido como *abordage*; o direito italiano chama de *urto di navi, collision* e *chips* pelo direito inglês e *zusammentos Von schiffen* pelo direito alemão. No transporte ferroviário não é frequente e no aeronáutico menos ainda. Porém, o Código Brasileiro de Aeronáutica o prevê nos arts. 274 a 277, fixando a responsabilidade do transportador aéreo na ocorrência dele.

O abalroamento é a colisão entre duas aeronaves em movimento, no ar ou na superfície. Há necessidade de que ambas estejam em movimento, acionadas por sua força motriz, ou mesmo impulsionadas por outras causas. Pela definição, se um avião bater em outro que esteja parado, não haverá abalroamento. É importante considerar esse tipo de acidente, uma vez que não ficará enquadrado nos limites estabelecidos pelo CBA, mas ficará submisso a reparação prevista no Código Civil e no Código de Defesa do Consumidor.

Há, portanto, diversas modalidades de abalroamento; o acórdão em questão cuida do mais grave: a colisão de aeronaves em voo, em pleno ar, cujas características dificilmente permitem sobreviventes. Há prejuízos por morte, deformação, ou prejuízos materiais como da bagagem.

Foram invocados nesse julgamento diversos dispositivos da Constituição Federal, a de 1945 e a de 1967, e os códigos do ar de 1938 e de 1966, devido ao largo tempo entre o acidente e a decisão do Pretório Excelso. Foram ainda invocados o Código de Processo Civil e mais ainda a Convenção de Varsóvia, tendo sido trazidas várias outras decisões jurisprudenciais.

Em nossa opinião, é justificável aplicação do CBA vigente na época do julgamento. A responsabilidade foi prevista no art. 129, que assim diz:

> *A responsabilidade pela reparação dos danos resultantes de abalroamento aéreo cabe ao explorador da aeronave comprovadamente culpada, que a utiliza pessoalmente, quer por prepostos seus no exercício de suas funções.*

Por esse dispositivo, nota-se a adoção de três tipos de culpa:

1. culpa de uma das aeronaves, cabendo ao seu explorador, que

a utilize pessoalmente, quer por prepostos seus no exercício de suas funções;

2. culpa comum às aeronaves envolvidas em abalroamento, cada qual suportando os danos causados;
3. dolo do transportador, em que a aeronave comprovadamente culpada incorrerá em certas sanções, inclusive na impossibilidade de alegar limitação da responsabilidade.

O direito marítimo costuma contemplar o abalroamento em três tipos, critério que, muitas vezes, estende-se a outros modos de transporte. Os tipos previstos são: culposo, fortuito, e misto ou duvidoso.

O abalroamento culposo é semelhante ao nosso abalroamento de veículos automotores, que ocorrem diariamente nas ruas de São Paulo. Resulta da culpa da tripulação ou do armador, por ação ou omissão, imprudência, imperícia ou negligência na observação das regras de navegação marítima. Adota também critério de culpa comum, quando a direção de ambos os navios incidirem em culpa.

O abalroamento fortuito ocorre quando não existe culpa por parte dos navios acidentados. Resulta de caso fortuito ou de força maior, causado por um fator estranho à atividade do navio, natural ou de terceiro, imprevisível e inevitável.

O abalroamento misto ou duvidoso ocorre quando não se pode apontar com segurança o causador do acidente. É possível que o exame pericial possa apontar o causador apenas presumível, descobrindo a existência da culpa, mas não tem elementos para atribuir a culpa de um ou outro. Não havendo afirmação segura, segue-se que é duvidoso ou misto.

15.6. Cláusula limitativa da responsabilidade

TRANSPORTE MARÍTIMO – CLÁUSULA LIMITADORA DA RESPONSABILIDADE DO TRANSPORTADOR

1º TAC-SP – Acórdão da 1ª Câmara, de 12.4.1983 – Apelação 306.750 – São Paulo – Cia. Nacional de Seguros x Arrow Line Ltda.

Para que possa socorrer-se da cláusula negocial limitativa de sua responsabilidade, a transportadora deverá evidenciar que cumpriu, posto de maneira incompleta ou ruim, o contrato que se impôs. Se nada fez, se não deu início à execução do que assumira, não lhe é permitido invocar a cláusula limitativa, mormente se não justificou pelos meios impostos no direito marítimo sua inadimplência.

É que a cláusula de irresponsabilidade de modo nenhum pode afastar a responsabilidade pelo dolo ou pela culpa. Resta apenas o problema da validade da cláusula de irresponsabilidade se fato alheio ao transportador, ao capitão ou à equipagem, somente causou dano por não ter o transportador tomado as providências usuais ou necessárias. Não se deve, portanto, no estado atual do direito brasileiro, dar ao destinatário o ônus de alegar e provar que houve dolo ou culpa do transportador.

O ônus é do transportador. Como argumento de política jurídica, diz-se que a proibição das cláusulas de irresponsabilidade concorreu para a decadência ou insuficiente desenvolvimento da navegação marítima, mas também diz o contrário. De qualquer maneira, não é com argumento de política jurídica que se hão de resolver os problemas de *jure conditio*.

Transportar é receber um objeto e entregá-lo tal como foi recebido. A responsabilidade pelos danos que o objeto sofreu é inclusa ao dever contratual de entrega. Aplicar, singelamente, a limitação de responsabilidade, sem que haja a menor prova da execução do contrato de transporte, seria comprometer seriamente toda a estrutura e a natureza dessa atividade negocial. Seria, por outras palavras, fazer-se da exceção a regra que, positivamente, o direito marítimo não comporta, como departamento adequado da análise e da eficácia do negócio jurídico posto em exame.

RESPONSABILIDADE CIVIL – CLÁUSULA DE IRRESPONSA-
BILIDADE – NÃO VALIDADE CONTRA TERCEIRO

1º TA-RJ – Acórdão da 7ª Câmara Cível, em 10.9.1982 – Apelação 71.472 – Rita Cecília Ludolf x Elius de Moda Ind. e Com. Ltda.

As cláusulas de irresponsabilidade não valem contra terceiros, dado o princípio da relatividade dos contratos e o princípio, de ordem pública, de que todos os autores do ato ilícito são responsáveis.

TRANSPORTE AÉREO – LIMITAÇÃO DE RESPONSABILIDADE – TRATADOS INTERNACIONAIS E O CBA

TA-RS – Acórdão unânime da 4ª Câmara Civil de 19.8.1982 – Apelação 28.326 – Porto Alegre – Transbrasil S/A x Cia. de Seguros Cruzeiro do Sul

Subsiste a limitação de responsabilidade consagrada pela Convenção de Varsóvia e pelo Protocolo de Haia, se ausente qualquer declaração especial, como o pagamento de taxa adicional do complementar, isto ao caso de transporte aéreo internacional de coisas. O CBA se restringe ao transporte doméstico e não revogou os Tratados Internacionais a que o Brasil se comprometeu nem renunciou.

ANÁLISE E COMENTÁRIOS

Temos em mãos algumas decisões sobre a limitação de responsabilidade do transportador no tocante à reparação de danos sofridos pelo passageiro, em decorrência de acidentes de transporte. É bem complexa a questão, por envolver leis e convenções em concomitância com manifestação de vontade das partes envolvidas.

O tema ainda abrange os variados tipos de transporte, cada um submetido a leis diferentes, em aceitação ou não em se aplicar analogamente uma lei e uma modalidade de transporte a que ela não se refere. Será preciso, antes de tudo, discriminar duas cláusulas diferentes. A cláusula de irresponsabilidade do transportador: por ela, o passageiro renuncia ao direito que corresponde à obrigação do transportador em reparar danos causados à integridade ou ao patrimônio do passageiro. A cláusula de limitação de responsabilidade não libera o transportador, mas estabelece um limite para sua responsabilidade, inferior àquela que a lei estabelece.

Uma questão é certa: existe limite de responsabilidade, reconhecido por lei e convenções, bem como pela jurisprudência brasileira. É de se examinar, porém, a possibilidade de se excluir esse limite, ou estabelecer-se num contrato de transporte um limite inferior àquele que a lei previu. Em nossa opinião, inexiste essa possibilidade, porquanto o próprio STF já fixou na Súmula 161 a nulidade de cláusulas excludentes.

Quanto ao transporte aéreo, não pairam dúvidas, em vista da Convenção de Varsóvia e do CBA. Não examinaremos aqui esse assunto, pois foi examinado várias vezes neste compêndio. No tocante ao direito marítimo, será necessário fazer alguns comentários sobre o acórdão. Discordamos da afirmação de que não se pode invocar o direito estrangeiro, o ferroviário e o aeronáutico. Realmente, o direito marítimo é um ramo especialíssimo do Direito Empresarial e composto de regulamento restrito, mas há falta de disposição a respeito do assunto em tela. Já comentamos que muitas disposições de nosso direito marítimo estão superadas, por constarem de um Código de 1850. Onde houver ausência de regramento legal, deve caber analogia, tanto quanto a jurisprudência, os costumes e demais fontes de interpretação do direito.

No caso em tela, trata-se de transporte marítimo de mercadoria. A decisão jurisprudencial abrange, entretanto, o transporte de passageiro; se a cláusula limitativa de responsabilidade prevalece para o transporte de carga, prevalecerá para o passageiro. Com efeito, nosso direito marítimo não veda o estabelecimento dessa cláusula, que sofre restrições na Convenção de Bruxelas, mas esta não foi subscrita pelo Brasil. Neste caso, está certo o critério do acórdão, que julgou inaplicável o direito aeronáutico e ferroviário.

Essa permissão é inaplicável à cláusula excludente de responsabilidade. Se o direito marítimo não dispôs a este respeito, a questão será coberta pelo direito civil, que prevê a obrigação de reparação a quem causar ilicitamente danos a outrem. A posição definitiva da jurisprudência brasileira está estabelecida na Súmula 161 do Supremo Tribunal Federal:

> *Em contrato de transporte, é inoperante a cláusula de não indenizar.*

15.7. Crime no interior de veículo de transporte

RESPONSABILIDADE CONTRATUAL – TRANSPORTE DE PASSAGEIRO – HOMICÍDIO EM ÔNIBUS – CULPA INOCORREN-TE DO TRANSPORTADOR

1º TA-RJ – Acórdão unânime da 4ª Câmara Cível – Apelação 68.099 – Viação Andorinha x Estefânia F. Souza

O transportador não responde pela morte do passageiro assassinado por outro que, ao ingressar no veículo, não aparentava ser violento, portar armas, estar alcoolizado ou sofrer das faculdades mentais.

RESPONSABILIDADE CIVIL – PASSAGEIRO ASSASSINADO POR OUTRO – CULPA DE TERCEIRO

1º TA-RJ – Acórdão unânime da 8ª Câmara Civil – Apelação 83.359 – RFFSA x Marlene da Silva Teixeira

Não responde a empresa transportadora pela morte de passageiro atingido por disparo de arma de fogo, feito por outro passageiro não identificado. Trata-se de culpa de terceiro, equiparada ao caso fortuito, em relação à transportadora, que não participou, de modo algum, com a concorrência do transportador para o evento não previsível, nem evitável.

RESPONSABILIDADE CIVIL – ACIDENTE FEROVIÁRIO – HOMICÍDIO PRATICADO POR ASSALTANTE – INDENIZAÇÃO DESCABIDA

1º TA-RJ – Acórdão unânime da 8ª Câmara Civil – Apelação 81.912 – Ceni Carvalho x RFFSA

Se a morte do passageiro decorreu de assassínio praticado por assaltante, no interior do trem, nenhuma é a obrigação de indenizar por parte da transportadora. O assalto é de se conceituar como força maior, sem qualquer interferência no contrato de transporte. No caso, o fato de terceiro, imprevisível e inevitável, elimina qualquer relação entre o dano e o desempenho do contrato, valendo como causa de extinção da responsabilidade da empresa.

ANÁLISE E COMENTÁRIOS

A ascensão constante da onda de crimes que varre este país haveria de ter seus reflexos também no direito contratual dos transportes; é a implicação *rationae loci*. Os assaltos tomaram conta dos transportes interurbanos, mormente no circuito São Paulo-Rio. Depois se arraigaram nos ônibus urbanos e nos trens de subúrbios. O terrorismo internacional sacudiu e aterrorizou o transporte aéreo.

Tais eventos afetaram transportadores e passageiros, criando conflitos que chegaram ao nosso tribunal. Decisões diversas estabeleceram um critério na interpretação desses conflitos, aliviando o transportador da responsabilidade deles, classificando-os como caso fortuito, imprevisível e inevitável. Nenhum interesse e nenhuma vantagem terá o transportador em tais eventos, pois seus prepostos, seus funcionários, também estão sob o risco que eles acarretam: se pudesse prevê-los ou evitá-los, o veículo nem empreenderia viagem.

Não poderia investigar cada passageiro para saber se este teria a intenção de praticar um crime ou se seria um assaltante, mesmo porque estaria invadindo a área policial. Não teria amparo legal criar um corpo de segurança adequado para fazer frente a tais assaltos. Não poderia, por exemplo, o Metrô de São Paulo, revistar cada passageiro para ver se está armado. O transportador é, assim, uma vítima tanto quanto os passageiros. Esses aspectos deram os fundamentos para o critério jurisprudencial adotado. Apesar disso, houve recentemente uma decisão judicial em contrário.

15.8. Começo e fim do contrato

RESPONSABILIDADE CIVIL – ACIDENTE FERROVIÁRIO – CULPA *IN VIGILANDO* – DANO ESTÉTICO

1º TA-RJ – Acórdão unânime da 5ª Câmara Civil – Apelação 80.019 - Inácio Ambrósio da Silva x RFFSA

As estradas de ferro têm o dever de fiscalizar o embarque de passageiros e de só dar partida dos trens quando suas portas estiverem totalmente fechadas. Permitindo o embarque de passageiros sem observância de tais normas de segurança e proteção age com culpa e fica sujeita a indenizar, se o passageiro vem a sofrer queda do trem. Predomina o entendimento doutrinário e jurisprudencial de que a responsabilidade começa quando o passageiro adquire o bilhete e atravessa a catraca rumo ao embarque, e termina quando já está fora do veículo.

RESPONSABILIDADE CONTRATUAL – TRANSPORTE DE PASSAGEIRO – QUEDA DE ÔNIBUS EM DESEMBARQUE

TA-RJ – Acórdão unânime da 4ª Câmara Civil – Apelação 78.169 – Manoel Francisco de Assis Filho x Viação Novacap

Em se tratando de reparação de dano decorrente de inadimplemento de contrato de transporte, o transportador tem obrigação de indenizar o passageiro, mesmo quando este sofre lesão no momento em que está descendo do ônibus.

RESPONSABILIDADE CONTRATUAL – TRANSPORTE DE PASSAGEIRO – QUEDA AO EMBARCAR EM COLETIVO

1º TA-RJ – Acórdão unânime da 3ª Câmara Civil – Apelação 72.972 – Transportes São Silvestre S/A x Maria da Silva Sotero

Comprovado que a vítima, ao tentar embarcar no coletivo, que estava cheio, foi projetada ao solo, sofrendo lesões fatais, por ter o veículo se posto em marcha com a porta traseira aberta, inquestionável é a culpa do transportador, cabendo-lhe indenizar os danos causados.

RESPONSABILIDADE CONTRATUAL – TRANSPORTE DE PASSAGEIRO – CULPA DO PREPOSTO

1º TA-RJ – Acórdão unânime da 7ª Câmara Civil – Apelação 62.924 – Empresa de Transporte Continental Ltda. x Solange Francelina de Oliveira

Merece reparação o dano causado em passageiro em consequência de queda de veículo automotor, por culpa ou omissão do motorista que deixa a porta aberta, com o veículo em trânsito. A culpa do preposto acarreta a responsabilidade do preponente.

RESPONSABILIDADE CIVIL – TRANSPORTE DE PASSAGEIRO – QUEDA NO ATO DE EMBARQUE

1º TA-RJ – Acórdão unânime da 4ª Câmara Civil – Apelação 82.707 – Ione de Castro Mota x Viação Nossa Senhora da Penha Ltda.

Tem-se por aperfeiçoado o contrato de transporte se, ao procurar transpor a porta de entrada do coletivo, é o passageiro projetado para fora por movimento brusco do veículo, cabendo, por conseguinte, a reparação do dano.

Análise e Comentários
Nossos tribunais abraçaram a doutrina estabelecida universalmente de que a execução do contrato de transporte de pessoas começa quando o passageiro se apresenta no local de embarque. Assim, no transporte aéreo, considera-se o contrato em exercício no momento em que o passageiro se apresenta perante o transportador aéreo no aeroporto e transpõe a porta de entrada para a sala de embarque. No caso de um ônibus urbano, tomado na via pública, é no momento em que o passageiro põe o pé no estribo, enquanto nos ônibus interurbanos, tomados na estação rodoviária, no momento em que o passageiro adentra o saguão de embarque. Em viagem de trem ou de metrô, no momento em que transpõe a catraca

da estação. Em viagem marítima, no momento em que o passageiro adentra o cais de embarque.

Desde esse momento, está em vigor o contrato de transporte de pessoas e a obrigação de o transportador garantir-lhe a segurança. Da mesma forma, ocorre com o final do contrato; este só se considera cumprido quando o passageiro transpõe o limiar da estação. No caso de um ônibus urbano, termina o contrato quando o passageiro esteja em terra firme, ou seja, tenha saído do estribo.

Deparamo-nos com problemas frequentes nos transportes urbanos. É por demais costumeiro em São Paulo um ônibus dar a saída quando um passageiro ainda está subindo ou dele está descendo. Há também casos em que o ônibus dá a partida com diversas pessoas dependuradas na porta de entrada. Esta última irregularidade ocorria constantemente em composições ferroviárias, como na famosa "Cantareira", que inspirou músicas e filmes no Rio de Janeiro.

A obrigação contratual do transportador é levar o passageiro com segurança e conforto, portanto incólume, ao seu destino. Saindo do ponto com passageiros dependurados nas portas, ou quando um passageiro ainda está subindo ou descendo do veículo, fica evidente a infração a elementares medidas de segurança a que se obriga o transportador.

Um ônibus não pode trafegar com as portas abertas sem colocar em risco a incolumidade dos passageiros, e o transportador ficará responsabilizado por qualquer dano ao que eles venham a sofrer em caso de acidente. A respeito, não deixam dúvidas as numerosas decisões jurisprudenciais. Ultimamente, esse critério vem sendo previsto em nossa legislação, como é o caso do art. 47 que instituiu o Regulamento dos Transportes Ferroviários:

> *As composições de passageiros não poderão circular com suas portas abertas.*

15.9. Objeto atirado contra o veículo

RESPONSABILIDADE CONTRATUAL – TRANSPORTE – ARREMESSO DE OBJETO CONTRA O VEÍCULO

1º TACE – RJ – Acórdão unânime da 3ª Câmara Civil – Apelação 68.765 – Delfino Carneiro x RFFSA

Responde a ferrovia pelo ressarcimento dos danos causados aos passageiros, atingidos por objetos arremessados contra o trem, que trafega de portas abertas, por manifesta a infração ao dever de incolumidade.

RESPONSABILIDADE CIVIL – ACIDENTE FERROVIÁRIO – PEDRA ATIRADA DE FORA DO TREM

1º TA-RJ – Acórdão da 6ª Câmara Civil – Apelação 73.847 – RFFSA x Walter Raimundo de Souza

Responde a ferrovia pela morte do passageiro, causada, no curso da viagem, por pedra atirada de fora do trem. Tal eventualidade não se alinha entre os casos de força maior ou caso fortuito.

Não é raro o fato de um passageiro sofrer danos causados por pedras e outros objetos lançados contra um veículo de transporte, principalmente trens. Para um trem em alta velocidade, um simples pedregulho pode causar sérios danos físicos, inclusive a morte. É comum ver-se trens apinhados de passageiros dependurados em suas portas e até em cima do vagão. Em outros casos, o próprio passageiro segura a porta, impedindo que ela feche, permanecendo junto a ela. É comum ver-se os trens trafegarem de portas e janelas abertas, geralmente pelo próprio passageiro. Em São Paulo, ônibus urbanos dão a partida de porta aberta, fechando depois que já estão em movimento. É de se acreditar que também em outras cidades essa irregularidade ocorra.

Há quase sempre ação temerária do passageiro, como um inadimplemento de suas obrigações, não observando as regras de segurança. Seguem-se, porém, manifesto inadimplemento do transportador na observância dos cuidados exigidos para segurança do passageiro. Não há agentes de segurança nas estações, a fim de orientar os passageiros para que fechem as janelas e mantenham as portas fechadas. Os locais de onde atiradores de pedra, geralmente menores, lancem objetos contra os veículos são conhecidos pelo transportador. Há várias medidas passíveis de serem empreendidas, saneando-se as zonas perigosas.

Cabendo ao transportador corrigir as condições perigosas da viagem, é evidente que lhe cabe a responsabilidade por danos aos passageiros, decorrentes das condições inseguras do transporte. Sendo um mal que pode ser corrido, não há, pois, falar-se em caso fortuito ou de força maior.

15.10. Responsabilidade objetiva e presumida

RESPONSABILIDADE CIVIL – ACIDENTE FERROVIÁRIO – RESPONSABILIDADE OBJETIVA DAS FERROVIAS

TA-MG – Acórdão unânime da 1ª Câmara Civil – RFFSA x Elisa Bernardete Braga Alves

A responsabilidade das ferrovias é objetiva e presumida, somente se anulando pela culpa exclusivamente da vítima ou se o evento nasceu de caso fortuito ou força maior.

RESPONSABILIDADE CIVIL – ACIDENTE FERROVIÁRIO – INDENIZAÇÃO

1º TA-RJ – Acórdão unânime da 5ª Câmara Civil – Apelação 89.601 – João Antonio de Miranda x RFFSA

As estradas de ferro responderão pelos desastres que nas suas linhas sucederem aos viajantes e de que resulte a morte, ferimento ou lesão corpórea. A culpa será sempre presumida, só se admitindo em contrário a prova do caso fortuito, força maior ou culpa do viajante, não concorrendo culpa da estrada.

RESPONSABILIDADE CIVIL – ATROPELAMENTO POR TREM – CULPA EXCLUSIVA DA VÍTIMA

1º TA-RJ – Acórdão unânime da 3ª Câmara Civil – Apelação 66.584 – Aracy Rosa Moreira x RFFSA

Estando a vítima de atropelamento por trem a caminhar sobre os trilhos, entre duas estações ferroviárias, a fim de tomar o comboio sem bilhete de passagem, sua culpa exclusiva elide a expectativa de ressarcimento.

ANÁLISE E COMENTÁRIOS

Essas decisões jurisprudenciais estabelecem o tipo de culpa adotado para a responsabilidade civil de uma ferrovia. O mesmo critério pode ser estendido a outras empresas de transporte coletivo, pois há manifesta analogia entre as responsabilidades das variadas categorias de transportadores.

Representa o repúdio da culpa aquiliana, com a interpretação do art. 22 do antigo e tradicional estatuto que rege o transporte ferroviário no Brasil: o Decreto 2.681, de 1912. Presume-se a responsabilidade do transportador da mesma forma que se presume a ausência de responsabilidade da vítima. E por que se justifica essa presunção?

O transportador dedica-se à prestação de um serviço técnico, especializado, para o qual se exige planejamento e organização. Uma empresa de transporte (no caso dos três acórdãos retrocitados é a Rede Ferroviária Federal) é normalmente uma empresa pública ou concessionária de serviço público. Obriga-se a se estruturar e organizar suas atividades, inclusive a adotar todas as medidas de segurança para evitar acidentes e prejuízos aos passageiros ou a terceiros.

Uma estrada de ferro, por exemplo, deve cercar as vias por onde passam seus trilhos, impedindo o acesso de veículos e pessoas. Se houver cruzamento com rodovia, cabe-lhe construir um viaduto, e, se não, adotar critérios de segurança para o cruzamento do trem e dos veículos, como, por exemplo, manter um guarda para disciplinar o movimento. Se houver um acidente, presume-se que as medidas de segurança falharam, ficando a responsabilidade do transportador por prejuízos a outrem.

Presume-se ainda que os passageiros ou transeuntes não tenham culpa de acidentes, pois se praticaram um ato temerário é porque não foram devidamente orientados ou impedidos.

Cabe ao transportador o ônus da prova, em caso de o passageiro ou um terceiro agirem culposamente. Por exemplo, de um trem em movimento, um passageiro consegue forçar sua saída e saltar dele, desobedecendo às normas determinadas em cartazes afixados na própria composição. O transportador terá então oportunidade e meios de provar que as normas de segurança estavam à vista do passageiro, que não teve oportunidade de impedir que este saltasse e que as medidas que competiam ao transportador foram tomadas.

Um outro exemplo: numa passagem de cruzamento de ferrovia com rodovia, no momento em que um trem ia passar, tocou a campainha e abaixou-se uma porteira; todavia, o motorista de um automóvel forçou rapidamente o levantamento da porteira e cruzou com seu veículo a linha férrea, sendo colhido pela locomotiva. Houve portanto ação temerária da vítima, removendo a medida de segurança e desobedecendo às normas legais, sem que pudesse ser impedida.

Pelo que se observa no acórdão, a RFFSA, apelante da sentença que a condenou a pagar indenização à família da vítima, quis se apegar ao critério de culpa subjetiva. Alegou que o motorista do veículo foi imperito, negligente e imprudente, pois conhecia a passagem de nível, sabia do perigo que corriam quantos a cruzassem, mas não cuidou de observar se se aproximava alguma composição, conquanto lhe permitissem as boas condições de visibilidade do local. Além disso, era motorista inabilitado e inexperiente, situação que induz a sua culpa.

Quanto aos fatos que levaram a justiça de segundo grau de Minas Gerais a aplicar no caso a teoria da responsabilidade presumida do transportador, houve diversas evidências que a levaram à conclusão de que falharam certas medidas de segurança a que se obriga todo transportador. Diz o acórdão referente à primeira das ementas acima: "O desastre aconteceu em passagem de nível desguarnecida de qualquer sinal ou cancela, nem mesmo da conhecida e tradicional Cruz de Santo André". Constatou-se, assim, a falha de previsão da transportadora.

15.11. Atraso do passageiro ou do voo

TRANSPORTE AÉREO – ATRASO NO TRANSPORTE – PERDAS E DANOS

1º TA-RJ – Acórdão unânime da 8ª Câmara Civil – Apelação 7.010/84 – Cruzeiro do Sul S/A x Maria Vitória Lopes Oliveira

Salvo motivo de força maior, o atraso do voo programado autoriza o passageiro prejudicado a cobrar perdas e danos nos limites do art. 101 do CBA.

TRANSPORTE AÉREO – PASSAGEIRO QUE NÃO SE APRESENTA AO EMBARQUE COM ANTECEDÊNCIA – CONVOCAÇÃO DO INSCRITO NA LISTA DE RESERVA

1º TA-RJ – Acórdão unânime da 4ª Câmara Civil – Apelação 11.280 – Mario Virgilio da Cunha x Cruzeiro do Sul S/A.

Se a transportadora aérea não fez notar a hora limite do comparecimento, a consequência é que este dado específico não constou do ajuste, ficando à evidência, prevalecendo as cláusulas gerais do bilhete. Seria incoerência ter por infringido o contrato, por descumprimento de uma cláusula que dele não consta. Por elas, ou seja, pelas condições gerais do contrato de transporte aéreo, o passageiro tem que se apresentar no balcão até 30 minutos antes da hora prevista para a partida da aeronave.

Não o fazendo, ou não provando que assim procedeu, rompido ficou o contrato por ação ou omissão do próprio passageiro. Por mais lamentável e constrangedor que seja, o que se evidencia é que o autor, com pouca experiência de aeroportos, encontrando o balcão tumultuado com enorme afluência de passageiros, já chegando com certo atraso, se tenha perturbado, não adotando as providências cabíveis. Não fez qualquer anotação no livro próprio, não procurou de imediato a transportadora para um possível embarque nos voos subsequentes que tinha disponibilidade.

ANÁLISE E COMENTÁRIOS

Até uns 20 atrás era alvo de espanto e comentários qualquer atraso verificado no transporte aéreo. Por razões diversas, hoje é difícil um avião sair no seu horário. Essa radical mudança de sistema, sem a consequente mudança das normas que regem esta questão, vem provocando mal-estar generalizado entre o público acostumado a viagens aéreas. Não são frequentes as ações judiciais em decorrência de atrasos. O baixo limite da indenização, o apego às condições meteorológicas pelo transportador como casos de força maior e a falta de normas mais específicas dificultam qualquer reclamação.

O transportador aéreo desfruta de efetiva cobertura por parte das autoridades aeroportuárias, que não autorizam a partida, alegando ordem técnica. O bilhete de passagem prevê sanções para o passageiro que chegar atrasado para o embarque. Equitativo pois também que o transportador seja submetido a sanções pela inobservância do horário de partida. A jurisprudência consagrou normas nacionais e internacionais sobre este tema, conforme se vê no atual Código Brasileiro de Aeronáutica (Lei 7.565/86):

> *Art. 230 – Em caso de atraso da partida por mais de quatro (4) horas o transportador providenciará o embarque do passageiro, em voo que ofereça serviço equivalente para o mesmo destino, se houver, ou restituirá, de imediato, se o passageiro o preferir, o valor do bilhete de passagem.*

> *Art. 231 – Quando o transporte sofrer interrupção ou atraso em aeroporto de escala por período superior a quatro (4) horas, qualquer que seja o motivo, o passageiro poderá optar pelo endosso do bilhete de passagem ou pela imediata devolução do preço.*

No primeiro dos acórdãos, a prejudicada pretendia receber o dobro do valor da passagem como indenização pelo atraso da partida da aeronave, tendo obtido a procedência da ação. O acórdão, porém, reformou a sentença sob alegação de que não houve culpa do transportador aéreo, mas apenas um atraso na hora da saída, tendo o transportador levado a passageira ao destino desta.

Contudo, os efeitos do atraso ou da interrupção da viagem por mais de quatro horas farão o transportador incidir nas sanções dos arts. 230 e 231, anteriormente expostos. Situação muito séria foi observada nos anos de 2006 e 2007, principalmente em São Paulo, quando todos os voos apresentaram atrasos, não só de quatro horas, mas até de dias, e muitas viagens foram canceladas ou sofreram interrupções. Muitos desses problemas estão na justiça e demandam solução. Talvez possam as transportadoras alegar força maior, em vista da greve dos operadores de voo, desacertos administrativos da Anac, e até mesmo um doloroso acidente aéreo no próprio aeroporto de Congonhas, fazendo com que ele fosse interditado.

Cumpre ressaltar que o atraso de veículos de transporte já foi previsto até mesmo no transporte ferroviário, conforme se vê no art. 24 do Decreto 2.681, que regulamenta a responsabilidade civil das estradas de ferro:

> *No caso de atraso de trens e excedido o tempo de tolerância que os regulamentos concederem para a execução dos horários, não tendo sido o fato determinado por força maior, as estradas responderão pelos prejuízos que daí resultarem ao passageiro. Reclamação deverá ser feita no prazo de um ano.*

Igualmente, se houver interrupção ou suspensão da viagem, a empresa transportadora incorrerá na mesma responsabilidade. É o que se vê no art. 25 do Decreto 2.681:

> *As estradas de ferro também responderão, nos termos do artigo anterior, quando o viajante provar que não pode realizar a viagem por ter sido suspenso ou interrompido o tráfego ou por ter sido suprimido algum trem no horário ou por não ter encontrado lugar nos vagões da classe para qual tiver comprado passagem.*

IMPRESSO NA
sumago gráfica editorial ltda
rua itauna, 789 vila maria
02111–031 são paulo sp
telefax 11 2955 5636
sumago@terra.com.br